堪当重任

晓　山◎著

·北京·
国家行政学院出版社
NATIONAL ACADEMY OF GOVERNANCE PRESS

图书在版编目（CIP）数据

堪当重任 / 晓山著 . —北京：国家行政学院出版社，2023.6

ISBN 978-7-5150-2779-1

Ⅰ.①堪… Ⅱ.①晓… Ⅲ.①中共二十大（2022）-学习参考资料 Ⅳ.①D229

中国国家版本馆 CIP 数据核字（2023）第 049103 号

书　　名	堪当重任 KAN DANG ZHONGREN
作　　者	晓　山　著
统筹策划	王　莹
责任编辑	王　莹　孔令慧
出版发行	国家行政学院出版社 （北京市海淀区长春桥路 6 号　100089）
综 合 办	（010）68928887
发 行 部	（010）68928866
经　　销	新华书店
印　　刷	北京盛通印刷股份有限公司
版　　次	2023 年 6 月北京第 1 版
印　　次	2023 年 6 月北京第 1 次印刷
开　　本	170 毫米×240 毫米　16 开
印　　张	8.75
字　　数	102 千字
定　　价	28.00 元

本书如有印装问题，可联系调换。联系电话：（010）68929022

前言

干部，在我国古代与之词义相近的是官员、官吏。在现代社会，在其他国家有的称官员、公务员，有政务官员、事务官员之分。在我国，干部的概念有广义的，也有狭义的。广义地说，拿财政工资、从事社会管理的都叫干部；狭义地说，专指党政干部，也就是公务员。党章明确指出：“党的干部是党的事业的骨干，是人民的公仆。”这一规定明确了干部的地位和身份。当干部就是对党和人民一份沉甸甸的责任，就要靠得住、有本事、能担当。

展开波澜壮阔的历史画卷，我们党之所以在一个世纪的风雨征程中，始终成为引领中华民族伟大复兴的中流砥柱，在众多答案中，坚持党管干部不动摇，注重德才兼备、选贤任能，源源不断培养和造就堪当时代重任的领导干部，无疑是一个重要因素。抗日战争时期，我们党“不发枪、不发炮，就发干部和电报”，党中央从延安派出大批干部到敌后工作，建立并不断发展壮大抗日根据地，深入发动群众开展敌后游击战，一个个党的干部就是一个个革命的火种，为全民抗战提供了坚强的组织保证。解放战争时期，党中央派出 2 万名干部赴东北，“走出城市，丢掉汽车，脱下皮鞋，换上农民衣服”，深入农村开展土改运动、建立新根据地，为解放东北奠定坚实基础；征调 5.3 万名干部随军南下，为有效接管新解放区地方政权提供了有力支撑。新中国成立后，党中央抽调 16 万多名干部到工业部门，选派大批干部“备战备荒为人民，好人好马上三线”，大力推动国家经济建设。改革开放和社会主义现代化建设新时期，我们党鲜明提出干部“四化”方针，大力培养选拔革命化、年轻化、知识化、专业化的干部，开辟了中国特色社会主义壮阔道路，创造了举世瞩目的发展奇迹。

进入新时代，以习近平同志为核心的党中央着眼于我们党正在进行的具有许多新的历史特点的伟大斗争、实现中华民族伟大复兴的中国梦和“两个一百年”奋斗目标，立足于党面临的“四大考验”“四种危险”，围绕培养选拔党和人民需要的好干部这条主线，鲜明提出了“信念坚定、为民服务、勤政务实、敢于担当、清正廉洁”新时代好干部标准，以及“铁一般信仰、铁一般信念、铁一般纪律、铁一般担当”“信念过硬、政治过硬、责任过硬、能力过硬、作风过硬”等一系列要求，这些标准和要求都有一个共同指向，就是为了担当时代重任。

当前，世界百年未有之大变局加速演进，中华民族伟大复兴进入关键时期，走过百年光辉历程的中国共产党正领导中国人民在中国特色社会主义道路上不可逆转地走向中华民族伟大复兴。党的二十大报告鲜明提出：“我们党立志于中华民族千秋伟业，致力于人类和平与发展崇高事业，责任无比重大，使命无上光荣。全党同志务必不忘初心、牢记使命，务必谦虚谨慎、艰苦奋斗，务必敢于斗争、善于斗争，坚定历史自信，增强历史主动，谱写新时代中国特色社会主义更加绚丽的华章。”生逢伟大的时代，施展才干的舞台无比广阔，实现梦想的前景无比光明，广大干部要紧密团结在党中央周围，努力增强防风险、迎挑战、抗打压能力，奋斗新时代、奋进新征程、担当新使命，为全面建设社会主义现代化国家、全面推进中华民族伟大复兴而努力奋斗。

目 录

第一章

不能担当重任的干部不是新时代的好干部

一代人有一代人的使命，一代人有一代的重任。当前，我们党团结带领人民正在意气风发地向着全面建成社会主义现代化强国的第二个百年奋斗目标迈进。盖有非常之功，必待非常之人。责重山岳，能者方可当之。党的二十大报告指出，“时代呼唤着我们，人民期待着我们，唯有矢志不渝、笃行不怠，方能不负时代、不负人民”。面对时代的号角、使命的召唤、人民的期盼，新时代的干部必须靠得住、有本事、能担当。

一、没有政治过硬、适应新时代要求的干部队伍，就难以建设中国式现代化

党的二十大报告鲜明指出，“全面建设社会主义现代化国家，是一项伟大而艰巨的事业，前途光明，任重道远”，“全党必须坚定信心、锐意进取，主动识变应变求变，主动防范化解风险，不断夺取全面建设社会主义现代化国家新胜利”。这既是对全党发出的伟大奋斗号召，更是对全体党员干部担当时代使命的伟大政治动员令。干部是党和人民事业的骨干。奋进新时代新征程，党员干部能否牢记初心使命、发扬优良传统、勇于担当斗争，真正担负起实现民族复兴的伟大历史使命，这关系着中国式现代化能否破浪前进，关系着党和人民事业能否

永续发展，关系着党的执政目标能否圆满实现。

（一）百年奋斗彪炳史册，洗礼了一支赓续红色基因、弘扬优良传统、接续向前的干部队伍

历史是最好的教科书，也是最好的营养剂。习近平总书记指出，要更好应对前进道路上各种可以预见和难以预见的风险挑战，必须从历史中获得启迪，从历史经验中提炼出克敌制胜的法宝。我们党的诞生、成长和壮大的过程，就是我们党根据事业发展需要源源不断培养干部的过程，就是无数干部朝着党的奋斗目标，担当重任、无畏牺牲、顽强奋斗的光辉历程。度之往事，验之来事，参之平素，可则决之。面对新时代新征程新使命，广大干部更加需要从党的百年伟大奋斗中汲取营养和力量，赓续红色基因、弘扬优良传统，不断把党的事业推向前进。

源源不断培养优秀干部是我们党不断走向胜利的重要法宝。 治国之要，首在用人。伟大的斗争、宏伟的事业需要伟大的党，需要源源不断的好干部。我们党自成立之日起就十分重视选贤任能，始终把选人用人作为关系党和人民事业的关键性、根本性问题来抓，这也成为我们党在各个历史时期能够不断发展壮大、不断取得胜利的重要原因之一。在新民主主义革命时期，毛泽东同志就鲜明指出，“在中国人民的伟大的斗争中，已经涌出并正在继续涌出很多的积极分子，我们的责任，就在于组织他们，培养他们，爱护他们，并善于使用他们”。“政治路线确定之后，干部就是决定的因素”，“中国共产党是在一个几万万人的大民族中领导伟大革命斗争的党，没有多数才德兼备的领导干部，是不能完成其历史任务的”。通过大力培养选拔对党忠诚、英勇

善战、不怕牺牲的干部，为我们党夺取新民主主义革命胜利提供了坚强的干部支撑。改革开放后，党的十一届六中全会正式提出干部队伍革命化、年轻化、知识化、专业化的“四化”方针。邓小平同志指出，实现干部队伍的革命化、年轻化、知识化、专业化，这是坚持社会主义道路，集中力量进行现代化建设的最重要保证。这一时期，通过大力培养选拔有知识、懂专业、锐意改革的干部，我们党励精图治开辟了中国特色社会主义壮阔道路，创造了举世瞩目的发展奇迹。实践证明，我们党总是根据不同历史时期政治路线的需要，坚持正确的组织路线，培养造就了一支适应当时形势任务的干部队伍和大批善于治党治国治军的优秀干部，这是我们党能够取得伟大成就的一个重要因素。

锻造过硬干部队伍是新时代党和国家事业取得伟大成就的关键因素。 党的十八大以来，以习近平同志为核心的党中央高度重视干部队伍建设，坚持辩证唯物主义和历史唯物主义，深刻回答了“什么是好干部、怎样成长为好干部、怎样把好干部用起来”的重大命题，提出了建设高素质专业化干部队伍的目标任务；围绕建强党的执政骨干队伍，开创性提出了新时代党的组织路线，实现了新时代选人用人方略的守正创新；提出了信念坚定、为民服务、勤政务实、敢于担当、清正廉洁的新时代好干部标准，立起了选人用人的时代标尺；提出了既严以修身、严以用权、严以律己，又谋事要实、创业要实、做人要实的“三严三实”和信念过硬、政治过硬、责任过硬、能力过硬、作风过硬“五个过硬”要求，指明了新时代干部成长努力方向；提出了全面增强学习本领、政治领导本领、改革创新本领、科学发展本领、依法执政本领、群众工作本领、狠抓落实本领、驾驭风险本领“八个本领”和提高政治能力、调查研究能力、科学决策能力、改革攻坚能力、应急处突能力、群众工作能力、抓落实能力“七种能力”，鲜明亮出了新时代干部能力要求。在习近平总书记一系列新理念新思想新战略引领下，干部队伍在革命性锻造中焕发出新气象，为我们党全面建成小康社会、实现第一个百年奋斗目标提供了坚强的政治保证。

努力堪当时代发展重任是新时代干部的责任所在、价值所在。 德国著名思想家歌德说过：“你若要喜欢你自己的价值，你就得给世界创造价值。”人的价值就在于创造价值，在劳动和奉献中创造价值，在个人与社会的统一中实现价值。水滴虽小，却可以组成大海；沙粒虽小，却可以组成沙漠；绿叶虽小，却可以组成森林。每个生命都是与众不同的，都有其存在的特殊价值。党的干部担负着服务人民、奉献社会的责任，为党工作的历程不仅是实现个人理想、展现个人抱负的过程，更是为党和人民创造价值、奉献自我的过程，只有在有限的生命里创造出与自己能力相称的价值，才是给自己人生的最好答卷。党的二十大报告指出，“新时代的伟大成就是党和人民一道拼出来、干出来、奋斗出来的”，但是，当前仍然有一些党员、干部缺乏担当精神，斗争本领不强，实干精神不足。为官避事平生耻，当干部绝不能在其位不谋其政、占着位子不作为、拿着票子不奉献。然而，在实际工作中，有的干部遇见矛盾问题就绕着走，唯恐麻烦沾身；有的干部干工作习惯于“投球”不“接球”，对待难题“事不关己、高高挂起”；有的干部对自己职责内的工作不尽心尽责，十分劲只出三分；等等。这样的干部辜负组织信任，贻误党的事业。能不能为党和人民事业矢志奋斗，反映着党员干部的人生观、价值观、事业观；能不能在推进伟大事业中扛得起硬活、打得了硬仗，检验着干部的精神状态和能力本领。使命在前，唯有奋斗。当前正处于全党全国各族人民迈上全面建设社会主义现代化国家新征程、向第二个百年奋斗目标进军的关键时刻，新时代的党的干部要实现人生价值、创造富有意义的一生，就应当弘扬党的光荣传统，守初心担使命、壮筋骨强本领，始终保持永不懈怠的精神状态和一往无前的奋斗姿态，不辱时代使命，认真工作、努力奉献，为党和人民的事业作出更多、更大的贡献。

（二）百年变局风云激荡，锻造了一支能够经受住风高浪急甚至惊涛骇浪重大考验的干部队伍

当前，世界百年未有之大变局加速演进，国家发展进入战略机遇和风险挑战并存、不确定和难预料因素增多的时期。从外部看，新一轮科技革命和产业变革深入发展，国际力量对比深刻调整，全球性问题加剧。单边主义、保护主义明显上升，世界经济复苏乏力，局部冲突和动荡频发，来自外部的打压遏制随时可能升级。从内部看，我国改革发展面临不少躲不开、绕不过的深层次矛盾，党面临的执政考验、改革开放考验、市场经济考验、外部环境考验将长期存在，精神懈怠危险、能力不足危险、脱离群众危险、消极腐败危险将长期存在。从现实看，我们正在迈向全面建设社会主义现代化国家、向第二个百年奋斗目标进军的新的赶考路，我们将要面临新的战略机遇、新的战略任务、新的战略阶段、新的战略要求、新的战略环境，需要应对的风险挑战、需要解决的矛盾问题比以往更加错综复杂。只有看清楚形势，准确采取应对举措，才能在纷繁复杂的形势和日趋激烈的竞争中赢得主动、赢得优势、赢得未来。党的干部是推进中国式现代化的重要力量，必须提高识变应变求变的能力，有效应对前进路上的风险挑战考验，确保中华民族伟大复兴的航船顺利远航。

应变局，干部必须具备识变之智。 察势者智，驭势者赢。做好工作，必须深刻认识经济发展所发生的阶段性变化。党的十八大以来，从作出“我国经济发展进入新常态”“我国进入了一个新发展阶段”“我国发展仍处于重要战略机遇期”等重大判断，到深刻把握“经济全球化遭遇逆流”“世界百年未有之大变局加速演进”“发展是人类社会的永恒主题”等世界发展大势，以习近平同志为核心的党中央对国内国际发展大局有了更清醒的认识，对我国发展新的历史方位有了更准确的把握，为做好准备、谋定后动奠定坚实基础。实践充分证明，只有聆听时代的声音，回应时代的呼唤，认真研究解决重大而紧迫的问题，才能找到发展规律，推动理论创新。干部要善于运用联系的、发展的、全面的观点看问题，努力在吃透上情、摸清下情、把握内情、了解外情上下功夫。**要用全面的眼光识变。**干部要善于全面看待和分析变化，联系世界实际看中国实际，联系中国历史看中国实际，联系中国各方面的变化看中国实际，努力使形成的认识更为客观、更加全面。**要用辩证的眼光识变。**干部要用辩证的眼光看待压力和动力、危机与机遇，发展地而不是静止地、全面地而不是片面地、系统地而不是零散地、普遍联系地而不是单一孤立地观察事物，努力找到转化的切入点。**要用长远的眼光识变。**干部要有草摇叶响知鹿过、松风一起知虎来、一叶易色而知天下秋的见微知著能力，既要立足当前、抓好当前，又要深谋远虑、着眼长远。

抓机遇，干部必须具备应变之能。 明者因时而变，知者随事而制。识变在于应变，面对新发展阶段的新问题新特征新变化，必须积极应对、主动破题。党的十八大以来，党中央根据我国发展阶段、环境、条件变化，强调“逐步形成以国内大循环为主体、国内国际双循环相互促进的新发展格局”；面对多个领域存在的“卡脖子”问题，指出“必须坚持问题导向，发挥新型举国体制优势，踔厉奋发、奋起直追，加快实现科技自立自强”；面对“如何战胜疫情、如何建设疫后世界”这一时代之问，倡导世界各国坚持拆墙而不筑墙、开放而不隔绝、融合而不脱钩，推动构建开放型世界经济。实践证明，只有找到从“怎么看”到“怎么办”的新方法新路径，才能成功应对各种风险挑战，推动中国发展的航船劈波斩浪、行稳致远。干部要切实提高科学应变力，积极应对并坚决战胜各种风险挑战，推动中国经济社会持续健康稳步向前发展。**以“不变”应“万变”。**越是形势严峻复杂，越是矛盾风险挑战增多，越要有坚强的领导核心来领导和掌舵。必须坚持走中国特色社会主义道路不动摇，保持战略自信、战略定力和战略耐心，不为一切困难所困、不为一切问题所扰、不为一切风险所阻，做到不管风吹浪打，我自岿然不动。**以“变”化“变”。**战略上的坚定和战术上的灵活是有机统一的，只有根据变化发展的实际适时调整应对策略，才不会被时代、被人民所抛弃。要坚持具体问题具体分析，用动态思维和发展眼光及时调整工作策略和方法，因时而进、因势而新、因事而变，避免陷入经验主义和形式主义的泥潭。**转“危”化“机”。**“危”与“机”具有辩证关系，“危”和“机”总是同生共存的，克服了“危”即是“机”。要应时而动、顺势而为，以辩证的眼光寻找“危”中寻“机”、化“危”为“机”的可能性，为事业发展创造更多的机遇、扩展更大的空间。

开新局，干部必须具备求变之勇。所当乘者势也，不可失者时也。领导干部不仅要认清形势，更要主动变化，把握有利的时机和形势，推动社会的发展。党的十八大以来，党和国家在适应新形势、解决新问题、应对新挑战中，形成了一系列具有鲜明时代性和创造性的理论成果。我们创造性地谱写了马克思主义中国化时代化的新篇章，创造性地提出坚持创新、协调、绿色、开放、共享的新发展理念，创造性地提出了以中国式现代化全面推进中华民族伟大复兴的使命任务。实践证明，只有观察时代、把握时代才能引领时代。领导干部要充分发挥主观能动性和创造性，把问题想在先、把工作做在前，最大限度消解矛盾于未然、解决问题于无形。**在变中求新。**危机含有机遇，变局孕育新局，要善于在危机中找到新的发展潜力和动能，将经济发展的潜力和动能充分释放。要善于对标先进，加强前沿探索和前瞻布局，加大关键核心技术攻坚力度，形成更多新的增长点、增长极，努力构建新发展格局。**在变中求进。**变局是力量整合、力量纠缠的时期，也是我国奋起直追、赶超先进的关键节点。要按照高质量发展要求，聚焦高质量竞争力现代化，努力实现各方面流程再造，从“数量追赶”转向“质量追赶”，从“规模扩张”转向“结构升级”，从“要素驱动”转向“创新驱动”，积极探索推动高质量发展的途径。**在变中突破。**变局带来的机遇稍纵即逝，当前我们正处在全面建设社会主义现代化国家开局起步的关键时期，要紧紧围绕党的部署，紧扣社会矛盾、人民需求的变化，着力突破思想桎梏、制度藩篱，努力探索发展的新理念、新途径、新办法，奋力开创事业发展的新局面。

（三）历史伟业任重道远，迫切需要一支初心不改、知重负重、本领高强、担当奋斗的干部队伍

历尽天华成此景，人间万事出艰辛。路漫漫而修远，使命如山再出发。党的二十大报告明确指出，“今天，我们比历史上任何时期都更

接近、更有信心和能力实现中华民族伟大复兴的目标，同时必须准备付出更为艰巨、更为艰苦的努力。全党必须坚定信心、锐意进取，主动识变应变求变，主动防范化解风险，不断夺取全面建设社会主义现代化国家新胜利”。如铁雄关呼唤新的奋斗与担当，攻克新的“娄山关”“腊子口”末路尤难，百年伟业绝非轻轻松松、敲锣打鼓就能实现，迫切需要干部队伍材优干济能胜其重、不忘初心能致其远。广大干部只有慎终如始守初心，练就“硬翅膀”“撒手锏”，才能在乱云飞渡中把准航向，在艰巨任务前一身百为，在接续赶考中夺取胜利。

推进中国式现代化，必须有定力强大的干部。定力，指能够控制自己的欲望和行为、专心致志于某一件事的能力。一个人有定力，就能不随物流、不为境转，经得起挫折，耐得住寂寞，坐得住冷板凳，就能静亦定、动亦定，最终有所成就；一个政党、国家、民族有定力，才能历经磨难而初心不改，始终沿着自己的方向、道路向前走，傲视群雄、屹立全球。党的二十大报告指出，“全面建设社会主义现代化国家，是一项伟大而艰巨的事业，前途光明，任重道远”。新征程上，世界百年未有之大变局加速演进，新一轮科技革命和产业变革深入发展，国际力量对比深刻调整，我国发展面临新的战略机遇。同时，世纪疫情影响深远，逆全球化思潮抬头，单边主义、保护主义明显上升，世界经济复苏乏力，局部冲突和动荡频发，全球性问题加剧，世界进入新的动荡变革期。我国改革发展稳定面临不少深层次矛盾躲不开、绕不过，党的建设特别是党风廉政建设和反腐败斗争面临不少顽固性、多发性问题，来自外部的打压遏制随时可能升级。面对这样的形势，要推进中国式现代化破浪前行，需要全体干部坚定不移听党话跟党走，坚定维护“两个确立”、坚决做到“两个维护”，着力增强防风险、迎挑战、抗打压的能力，不为任何风险所惧，不为任何干扰所惑，真正做到“千磨万击还坚劲，任尔东西南北风”。要做到这一点，就必须保持强大的定力。如果缺乏这样的定力，总是以“猴子下山”的心境看待问题、对待工作，那必然容易被干扰、受影响、遭裹挟、偏方向，就会在心理上患得患失、行动上犹豫不决、决策上摇摆不定，就会错失发展机遇，最终必将贻误事业。

推进中国式现代化，必须有能力高强的干部。 习近平总书记强调，“我们处在前所未有的变革时代，干着前无古人的伟大事业，如果知识不够、眼界不宽、能力不强，就会耽误事”。党的二十大报告明确提出，“全面建设社会主义现代化国家，必须有一支政治过硬、适应新时代要求、具备领导现代化建设能力的干部队伍”。中国式现代化的宏伟蓝图已经绘就，但是光有思路和部署，没有优秀的人来干，也难以成事。绳短不能汲深井，浅水难以负大舟。进入新阶段新征程，我们党和国家面临的外部环境的不稳定性、不确定性明显上升，国内改革发展需要解决的问题越来越多样、越来越复杂，严峻的形势任务，迫切需要全体党员干部具备面向现代化、适应现代化、领导现代化的过硬能力，着力增强高质量发展本领、服务群众本领、防范化解风险本领。前进的道路上，不论是新问题还是老问题，不论是长期存在的老问题还是改变了表现形式的老问题，要认识好、解决好，唯一的途径就是不断增强我们干部的能力本领。广大干部要掌握科学世界观和方法论，坚持人民至上、坚持自信自立、坚持守正创新、坚持问题导向、坚持系统观念、坚持胸怀天下，练就谋事之策、干事之才、成事之力；要掌握科学的思想方法、工作方法，培养系统思维、战略思维、历史思维、辩证思维、创新思维、法治思维、底线思维，不断增强工作的预见性、战略性、全面性；要增强高质量发展本领、服务群众本领、防范化解风险本领，力求在任何时候都能辨得清方向、想得出办法、扛得住压力、拿得出对策，以精准有效落实各项工作的铁肩膀把现代化建设“蓝图画卷”变成“砖瓦泥沙”，使精神境界、素质能力与岗位责任相匹配，以“真功夫”为中国式现代化添砖加瓦。

二、必须始终把新时代好干部标准作为价值追求和行事准则

信念坚定、为民服务、勤政务实、敢于担当、清正廉洁是习近平总书记提出的新时代好干部标准，既为各级党组织培养选拔干部划出了重点、提供了遵循，也为广大干部自我提高、自我努力提出了希望、指明了方向。事物的发展是内外因共同作用的结果，内因是事物变化发展的根据，外因是事物变化发展的条件。好干部不会自然生成。成长为一个好干部，要靠组织培养，更要靠自身努力。新时代干部必须按照新时代好干部标准对标修炼、对照笃行，努力在为人民谋幸福、为民族谋复兴的伟大实践中提升自我境界、增强自我本领、实现自身价值，真正使自己成为“一个高尚的人，一个纯粹的人，一个有道德的人，一个脱离了低级趣味的人，一个有益于人民的人”，成为一个党和人民需要的新时代好干部。

（一）把理想信念作为党性之魂，始终信念坚定、对党忠诚

理想是人类社会特有的精神活动和精神现象，是人们不可或缺的精神支撑和精神动力，是人们对美好未来的向往和追求以及对长远目标的理性认识和价值判断，也是人们世界观、人生观、价值观在奋斗目标上的集中

体现。一个党、一个民族，尤其是党的干部，如果没有坚定的理想信念，就会缺“钙”，就没有精神支柱和政治灵魂。共产主义理想是人类历史上最科学、最美好的理想，是中国共产党人最崇高、最远大的理想。

心中有信仰，脚下才有力量。信仰，是人对某种思想、主张坚定不移地认定，是实现理想和奋斗目标的引领力、内驱力和支撑力。法国作家雨果曾说：“信仰是人们所必需的，什么也不信的人不会幸福。”信仰，是净化灵魂的甘露，是催人奋进的战鼓，是战无不胜的力量。心中有信仰，前行才有方向，脚下才有力量。一个人确立了信仰，原本空荡荡的内心就有了着落、有了归宿，就找到了生命的意义和价值所在，从而产生追求信仰的巨大精神力量。人能始终为理想奋斗无疑是幸福的。因为，在奋斗中，能时刻向着实现人生价值而努力拼搏，无论成功与否，都不会迷茫困惑，都不会有遗憾和后悔，都能在无愧于心中得到一份恬静、一份从容、一份快乐。没有信仰的人，心灵必定是空虚的，精神必定是萎靡的，生活必定是惨淡的，又谈何人生价值、幸福体验。习近平总书记强调，无论是处于顺境还是逆境，我们党从未动摇对马克思主义的信仰，背离或放弃马克思主义，我们党就会失去灵魂、迷失方向。革命战争年代，方志敏在狱中写下“敌人只能砍下我们的头颅，决不能动摇我们的信仰”的豪言壮语。浩然正气永存天地之间，英勇豪情激荡历史长河。一代又一代共产党人为了党和人民的事业视死如归、流血牺牲，靠的就是坚定的马克思主义信仰。正是因为坚定不移地信仰马克思主义，牢固树立共产主义远大理想，我们党才能始终代表最广大人民的根本利益，以中华民族伟大复兴为己任，领导和推动中国革命、建设、改革不断取得新的胜利。作为新时代的干部，只有坚定对马克思主义矢志不渝的信仰，才能不断坚定“四个自信”，激扬信仰伟力，为中华民族伟大复兴建功立业，真正做到为共产主义奋斗终身。

理想信念坚如磐，风雨不动安如山。印度诗人泰戈尔曾说：“信念是鸟，它在黎明仍然黑暗之际，感觉到了光明，唱出了歌。”一个没有理想信念的人，就像在黑暗中行走找不到方向；只有朝奋斗目标飞奔的人，才是美好生活的创造者。正如爱因斯坦所说：“由百折不挠的信念所支撑的人的意志，比那些似乎是无敌的物质力量具有更大的威力。”世界上最快乐的事莫过于为理想而奋斗。理想可以改变一个人的一生，改变一个人的灵魂。一个有理想的人会奋力去追求上进，使自己的一生过得有滋有味、富有意义、死而无憾。志不立，天下无可成之事。坚定的理想信念，无论是对一个政党、民族和国家，还是对每一名党员干部，都十分重要。习近平总书记在不同场合反复强调理想信念的重要性，“坚定理想信念，坚守共产党人精神追求，始终是共产党人安身立命的根本。对马克思主义的信仰，对社会主义和共产主义的信念，是共产党人的政治灵魂，是共产党人经受住任何考验的精神支柱”“理想信念动摇是最危险的动摇，理想信念滑坡是最危险的滑坡”，没有理想信念，理想信念不坚定，精神上就会“缺钙”，就会得“软骨病”，就会在风雨面前东摇西摆。纵览党的百年奋斗历程，我们党之所以能经受一次次挫折而又一次次奋起，不断从胜利走向新的胜利，归根到底是因为有远大理想和崇高追求。对于新时代党员干部来说，理想信念从来不是一句空洞的口号，总是体现在工作生活的点点滴滴上。广大干部要在理论修养中坚定理想信念，在实践工作中强化理想信念，把理想信念的坚定性体现在做好本职工作的过程中，始终高扬理想信念的旗帜，保持共产党人的使命担当，保持对人民的赤子之心，经受住各种赞誉和诱惑考验，经受住各种风险和挑战考验，充分认识“两个确立”的决定性意义，不断增强“四个意识”、坚定“四个自信”、做到“两个维护”，自觉做共产主义远大理想和中国特色社会主义共同理想的坚定信仰者和忠实实践者。

理想信念坚定，对党绝对忠诚是核心。忠诚，指对国家、人民、事业等尽心尽力，诚诚恳恳。古人云：“人之忠也，犹鱼之有渊。鱼失水则死，人失忠则凶。”就是告诫人们，忠诚对于人，就像鱼离不开水一样，是人生而为人的内在依据，如若失去了忠诚之德，人将非人。忠诚，是人类共同推崇的基本道德品质。“忠”字，就是将“心”放在正“中”，对自己所坚守的，坚如磐石、稳如泰山。忠诚的人，一身浩然正气，对国家、对人民、对事业、对他人真心实意、尽心尽力，没有二心；做人做事诚实守信、心口统一、言行一致，自然就可靠可信。习近平总书记强调，理想信念坚定和对党忠诚是紧密联系的，对党忠诚是对理想信念坚定的最好诠释。对党绝对忠诚要害在“绝对”两个字，就是唯一的、彻底的、无条件的、不掺任何杂质的、没有任何水分的忠诚。对党忠诚，只有真忠诚，没有假忠诚；只有实忠诚，没有虚忠诚；只有全忠诚，没有半忠诚。新时代的干部，必须始终对党忠诚老实，忠诚于党的信仰、忠诚于党的组织、忠诚于党的理论、忠诚于党的路线方针政策，以身许党、以身报党，党叫干啥就干啥，坚决做到服从组织安排不留余地、执行组织决定不讲条件，以一生的真情投入、一辈子的顽强奋斗为党分忧、为党尽责，坚决杜绝言行不一、阳奉阴违，坚决不当“两面派”、不做“两面人”。

（二）把人民至上作为从政之本，始终为民服务、无私奉献

习近平总书记强调，“一个政党，一个政权，其前途和命运最终取

决于人心向背。如果我们脱离群众、失去人民拥护和支持，最终也会走向失败”“人民是历史的创造者，是决定党和国家前途命运的根本力量”。中国共产党人的根本政治立场，就是人民立场，就是坚持一切为了人民、一切依靠人民，如果失去了人民的拥护和支持，党的事业和工作就无从谈起。新时代党员干部只有坚定站稳人民立场，注重增进人民群众对党的政治认同、思想认同和情感认同，紧紧地把人民群众凝聚在党的周围，才能汇聚起同心共筑中国梦的磅礴力量。

民心是最大的政治。“得众则得国，失众则失国”，“民为邦本，本固邦宁”。纵观中华民族五千年的政治文明史，无数政权的兴衰深刻证明，得民心者得天下、失民心者失天下。谁真正把人民放在心底，人民肯定就把他举过头顶；谁背弃人民、丢失人心，人民就要把他打倒、推翻。我们党来自人民、植根人民、服务人民，为人民而生、因人民而兴。毛泽东同志曾说：“我们共产党人好比种子，人民好比土地。我们到了一个地方，就要同那里的人民结合起来，在人民中间生根、开花。”这形象地说明了，我们党像种子一样，只有扎根于人民群众这个土壤中，才能充分地吸收养分，进而生根、发芽，最终才能开花、结果。在百年的发展历程中，我们党之所以能战胜各种艰难险阻和风险挑战，不断取得革命、建设和改革的胜利，关键就在于我们党始终深深扎根人民、紧紧依靠人民、全心全意服务人民，得到了人民的衷心拥护和支持。可以说，一部中国共产党的历史，就是一部为中国人民谋幸福、求解放、求进步的历史，就是一部紧紧依靠人民、团结带领人民不断走向胜利的历史。而如果失去了人民群众的拥护和支持，就会像种子离开土地一样失去生存的根基。就像苏联，曾对“苏共代表谁”进行问卷调查，结果认为苏共代表劳动人民的只有 7%，代表工人的只有4％，正是由于严重脱离群众，失去了人民的支持，曾经的世界超级大国最终亡党亡国。习近平总书记强调，“人民是我们党执政的最大底气，是我们共和国的坚实根基，是我们强党兴国的根本所在”，“只要我们深深扎根人民、紧紧依靠人民，就可以获得无穷的力量，风雨无阻，奋勇向前”。

造福于民是最大的政绩。 习近平总书记强调，“江山就是人民，人民就是江山”“人民对美好生活的向往就是我们的奋斗目标”“共产党就是为人民服务的，就是为老百姓办事的，让老百姓生活更幸福就是共产党的事业”“我们推动经济社会发展，归根到底是为了不断满足人民群众对美好生活的需要”“我们是党的干部，是人民的公仆，一定要把群众的安危冷暖挂在心上，以‘天下大事，必做于细’的态度，真心诚意地为人民群众办实事、做好事、解难事”。为民服务、造福人民是共产党人鲜红的精神底色。它是对党员干部的最低要求，这是我们党为人民服务的性质决定的，是一名党员的基本条件，也是身为党的干部的基本职责。党章明确规定：“中国共产党党员必须全心全意为人民服务，不惜牺牲个人的一切，为实现共产主义奋斗终身”“党的干部是党的事业的骨干，是人民的公仆”。身为党的干部，全心全意为人民服务、努力为人民群众造福就是天职，就是当仁不让、义不容辞的责任。如果这个责任没尽好甚至没尽到，就连基本的要求都没达到，更不要说做合格的共产党员、做党和人民满意的好干部。为民造福更是党干部的最高追求，必须始终奋斗、终生奋斗。新时代党的干部任何时候都要把群众观点、群众路线深植于脑中，时刻把群众的疾苦挂在心头，紧紧围绕人民群众新期待，把赢得民心民意、汇集民智民力作为重要着力点，以造福人民作为最大政绩，从人民群众最关心、最直接、最现实的利益问题着眼，认真解决好操心事、烦心事、揪心事，踏踏实实干出几件打基础、利长远的实事来，让改革发展成果更多地惠及广大人民群众，不断增强人民的获得感、幸福感、安全感。

人民幸福是最高的赞誉。习近平总书记强调，“必须树立正确政绩观，解决好政绩为谁而树、树什么样的政绩、靠什么树政绩的问题”，并强调“检验我们一切工作的成效，最终都要看人民是否真正得到了实惠，人民生活是否真正得到了改善”。应该追求什么样的政绩、如何追求政绩，如同一面镜子，时刻反映着共产党人的情怀、境界、格局，时刻检验着理想信念宗旨。把为民造福作为最重要的政绩，是践行党的宗旨的根本要求，是共产党人先进性和纯洁性的集中体现。党员干部为党工作，干的是党和人民的事业，自己手中的权力、所处的岗位是党和人民赋予的，是为党和人民做事用的，就只能用来为民谋利、为民造福。树立的政绩观，就只能是以人民为中心的政绩观，就应当自觉以为人民谋幸福为己任，努力追求以人民为中心的政绩、经得起人民检验的政绩、老百姓实实在在需要的政绩。用自己的“苦”，换来百姓的“甜”，既是党性使然，也是价值所在。俗话说，金杯银杯不如百姓口碑，这好那好不如群众说好。干部是答卷人，人民是阅卷人。人民群众是我们党的工作的最高裁决者和最高评判者。新时代党员干部必须把人民高兴不高兴、满意不满意、答应不答应作为做好一切工作的标准和尺度，在为人民服务中，心甘情愿地消耗自己，始终忘我工作、吃苦耐劳、埋头苦干、甘于牺牲，在奉献中实现人生价值。

（三）把尽心尽责作为履职之基，始终勤政务实、苦干实干

勤政，就是要坚持恪尽职守，勤于政事，立党为公、执政为民；

务实，就是要坚持实事求是，量力而行，重实际、办实事、求实效。勤政务实是对党员干部执政能力的基本要求，是党的实事求是思想路线和中华民族传统美德在干部作风上的真实体现。当前，我们党正团结带领人民迈向实现第二个百年奋斗目标的新征程，以中国式现代化推进中华民族伟大复兴的壮阔蓝图正徐徐展开。党员干部是党和人民事业的骨干，肩负着“为人民谋幸福、为民族谋复兴”的时代重任，必须不断修炼勤政务实的干事之风，埋头苦干、真抓实干，以实干促发展，以实绩论英雄，谋其政、履其职、担其责、成其事，促进雄伟蓝图早日实现。

责任是动力的源泉，勤勉来源于责任。英国政治家丘吉尔曾说：“高尚、伟大的代价就是责任。”高尔基曾说：“天才是由于对事业的热爱而发展起来的，天才——就其本质而论——只不过是对事业、对工作过程的热爱而已。”一个民族缺乏责任担当，终将走向没落；一个家庭缺乏责任担当，终将走向衰败；一个人缺乏责任担当，终将一事无成。所以，一个人可以清贫，可以不伟大，但不可以没有责任担当，而一个人能走多远、取得多大成就，则取决于他尽了多少责任。责任是人生成长和干事创业的前提和动力。**成长要靠责任。**每个人在不同的成长阶段都要担负不同的责任，只有不断强化责任，向责任要动力、要信心、要激情，才能让自己走出人生的困境、走向人生的辉煌。**履职要靠责任。**有了责任就有目标动力，就不会心猿意马，“吃着碗里的，看着锅里的”，更不会成为去枷的蛮牛、脱缰的野马，就能做到爱岗敬业、只争朝夕，埋头苦干、不负韶华，努力做好当下的事、做好每一件事，从而干成每一件事。所以说，责任是党员干部干事创业的动力源。**奉献要靠责任。**一个人的奉献要靠一定的境界、一定的觉悟，要靠愉悦的、心甘情愿的付出，不是为了做给别人看，这也是源于责任更高的要求。新时代党员干部要始终牢记尽多大责任才会有多大成就，带头知责、担责、尽责、履责，创造出党和人民满意的业绩。

职务就是责任，在岗就要尽责。“知责任者，大丈夫之始也；行责任者，大丈夫之终也。”坚持责任导向，具有强烈的责任意识，再艰难的历程也能渡过，再危险的困难也能克服；反之，就会小事拖成大事，小祸酿成大祸。很难想象一个平时随随便便、马马虎虎、敷衍了事的人，一个对待工作履职不尽责、在位不尽心、身在心不在的人，一个总是蝇营狗苟、打“小九九”的人，能够高标准、高质量地完成肩负的使命任务。职务是一种岗位，是岗位就有责任。习近平总书记指出，“好干部必须有责任重于泰山的意识”“能否敢于负责、勇于担当，最能看出一个干部的党性和作风”“要用知重负重、攻坚克难的实际行动，诠释对党的忠诚、对人民的赤诚”。岗位是舞台，责任是态度。党员干部是一种岗位、一种特殊的职业、一份沉甸甸的责任。组织任命一个岗位的干部，就是赋予其相应的责任，而且职位越高责任越大，权力越大责任越重。党员干部一定要时刻心中有责，增强“时时放心不下”的责任感、不断提高工作能力、严守“三严三实”、恪尽职守、勤勉工作。如果身在干部岗位，却不清楚自己的责任，对在岗位干什么“丈二和尚——摸不着头脑”，或者不想履行责任，“一杯茶、一支烟，一张报纸看半天”，或者承担不了责任，肩膀软、能力弱，面对责任直哆嗦，等等，必然贻误党的事业、遭人民唾弃。当干部就必须守土有责、守土负责、守土尽责，对岗位责任一清二楚，事不避难、义不避责，做到在岗一分钟、奋战六十秒，在殚精竭虑中体现人生价值。

实干者吃香，有为者有位。 做老实人说老实话干老实事，历来是我们党倡导的优良作风。不让老实人吃亏，让有为者有位，是我们党干部工作的一贯原则，映射出选人用人的朴素逻辑和正确导向。干事创业容不得庸懒散怠，**改革创新容不下为官不为。** 任何事业都需要实干家的奋斗，与其这山望着那山高、坠入升迁焦虑的深渊难以自拔，不如立足岗位，奋发有为。历史不会辜负实干者，一分耕耘一分收获，没有功劳就谈不上苦劳。现在一些干部，在一个地方干了三五年，就认为自己被“拴”住了、耽误了前程。要明白，没有哪个岗位是用来坐等提拔的，干得不好别说提拔，连现有的位置都保不住。大浪淘沙，哪个干部埋头苦干，哪个干部投机钻营，哪个干部尸位素餐，组织和人民群众都看得清清楚楚，都会公正对待。成功没有捷径，实干成就梦想。干任何事情都没有近道可走，实干是最靠谱的“捷径”。离开了实干，为人就会急功近利、好高骛远，干事就会作风漂浮、华而不实，这样的路不是“捷径”，而是“歪路”“邪路”“断头路”。作为党的干部，一定要稳住心神、扑下身子，脚踏实地、坚持不懈，做到“朝受命、夕饮冰，昼无为、夜难寐”，做到人在岗上、身在事上、心在责上，集全部心思于工作，倾一切才智于事业，以日积月累成就千里之功。

（四）把有位有为作为履职之要，始终敢于担当、奋发有为

为官避事平生耻，重任千钧惟担当。毛泽东同志说过：“人总是要有一点精神的。”邓小平同志曾指出：“没有一点闯的精神，没有一点‘冒’的精神，没有一股子气呀、劲呀，就走不出一条好路，走不出一条新路，就干不出新的事业。”是否具有担当精神，是否能够忠诚履

职、尽心尽责、勇于担责，是检验每一个党员干部身上是否真正体现了共产党员先进性和纯洁性的重要方面。广大党员干部只有切实强化担当精神，增强政治担当、历史担当、责任担当，才能做到新时代新担当、新作为，创造出无愧于新时代的光辉业绩。

担当是中国共产党人鲜明的政治品格。 中国共产党自成立以来就自觉把对国家、对民族、对人民的责任牢牢扛在肩上。一百多年来，我们党之所以能够团结带领全国各族人民取得了革命、建设、改革的伟大胜利，正是因为无数党员干部凭着这份担当精神，历经千难万险，付出巨大牺牲，敢于面对曲折，勇于修正错误，攻克了一个又一个看似不可攻克的难关，创造了一个又一个彪炳史册的人间奇迹。特别是党的十八大以来，面临具有许多新的历史特点的伟大斗争，我们党以巨大的政治勇气和强烈的责任担当，提出一系列新理念新思想新战略，出台一系列重大方针政策，推出一系列重大举措，推进一系列重大工作，解决了许多长期想解决而没有解决的难题，办成了许多过去想办而没有办成的大事，开拓了治国理政的新境界，党和国家事业取得新的辉煌成就。可以说，中国共产党领导中国人民进行革命、建设、改革的历史，就是一部无数干部为党和人民事业担当的历史。纵观历史，从来没有哪一个政党或群体，像我们党这样，在艰难中奋力前行，在曲折中不屈不挠，从胜利走向胜利，谱写了气吞山河的担当史诗；从来没有人像我们共产党人这样，从入党的那一刻起，就自觉把为共产主义奋斗终身、随时准备为党和人民牺牲一切作为矢志不渝的担当。

担当是干部奋进新征程的使命所在。“纷繁世事多元应，击鼓催征稳驭舟。”党的二十大报告明确提出，“从现在起，中国共产党的中心任务就是团结带领全国各族人民全面建成社会主义现代化强国、实现第二个百年奋斗目标，以中国式现代化全面推进中华民族伟大复兴”。这就是新时代新征程我们中国共产党的使命任务。新征程召唤新使命，新使命需要新担当。伟大梦想不是等得来、喊得来的，而是拼出来、干出来的。实现梦想的每一步都不可能轻而易举，未来必定会面临这样那样的风险挑战，甚至会遇到难以想象的惊涛骇浪。新时代新征程新使命，需要广大干部拥有“横刀立马、舍我其谁”的胆识，“锲而不舍、金石可镂”的意志，具备对党忠诚、为党分忧、为党尽责、为民造福的政治担当。在面对世情、国情、党情的深刻变化中，广大干部要始终坚定政治信仰，真正扛起共产党人肩上的使命担当，具备时不我待、只争朝夕、勇立潮头的历史担当，以永不懈怠的精神状态和一往无前的奋斗姿态，撸起袖子加油干，甩开膀子大胆干，创造出无愧于历史的业绩；具备守土有责、守土负责、守土尽责的责任担当，以更加饱满的热情、更加昂扬的斗志、更加务实的作风投身工作，敢啃硬骨头、打硬仗、挑大梁，实现新时代新担当新作为。

真将帅一定拥有真担当。沧海横流方显英雄本色，做难事方能成大业。畏难苟安不是共产党人应有的品质。当干部就一定要承担与职务相对应的责任，没有担当的干部就不是真正意义上的干部。然而，有的干部干事创业精气神不足，奉行“既不落后头，也不出风头”“多干多错、少干少错、不干不错”的思想，“只听楼梯响，不见人下来”，怕决策失误，不敢拍板定事，干工作推诿拖延。这不仅妨碍了党的事业发展，而且损害了党和政府形象。习近平总书记强调，“做人一世，为官一任，要有肝胆，要有担当精神”，要拎着乌纱帽为民干事，不要捂着乌纱帽为己当官，不能只想当官不想干事，只想揽权不想担责，只想出彩不想出力。当干部不仅要有担当的宽肩膀，还得有成事的真本领。新时代干部真正成为推动事业发展的真将帅，就要有真担当、真本事，做到本领高强更政治过硬，既有担当的意愿也有担当的勇气，既有担当的能力也有担当的方法，既有担当的自觉也有担当的作风。要强化担当的精神，增强“狭路相逢勇者胜”的锐气，树立“敢教日月换新天”的豪气，坚持“偏向虎山行”的正气，敢于直面艰难困苦，敢于投身大风大浪，敢于应对风险挑战；要提高担当的本领，增强学习新知识、掌握新本领的自觉性和紧迫感，不断掌握新知识、熟悉新领域、开拓新视野，补齐本领上的短板、能力上的不足，练就干事创业的“两把刷子”，掌握担当作为的“十八般武艺”。

（五）把自我革命作为终生之题，始终清正廉洁、永葆本色

花以芳香而美，官以廉洁而贵。清正廉洁，是马克思主义政党的内在要求，是中国共产党人与生俱来的价值取向和一以贯之的政治本色。我们党100多年砥砺奋进，清正廉洁的政治本色在一代代共产党人中生生不息、薪火相传，使我们党在人民群众心中树立起了崇高形象，赢得了人民的信赖、爱戴和拥护。历史和现实都一再表明，始终保持清正廉洁的政治本色，既是我们党战无不胜、攻无不克的制胜法宝，也是共产党人在不忘初心、牢记使命的生动实践中不可动摇的基本遵循。新时代干部任何时候都要始终牢记“当官就不要想发财，想发财就不要当官”这个最基本的道理，树牢清廉是福、贪欲是祸的深刻警示，自觉同特权思想和特权现象作斗争，坚决预防和反对腐败，清清白白为官、干干净净做事、老老实实做人。

清廉是一种美德，更是根本的能力。 习近平总书记强调，“一个人廉洁自律不过关，做人就没有骨气，做事就没有硬气，这是千古不

变的道理”“共产党的干部就是要严于律己，廉洁奉公，一身正气，两袖清风，清清白白做‘官’”。古往今来，不管时代如何前进，社会如何发展，“廉洁”始终都是从政者修身做人的基本准则，始终代表了一种积极向上的力量，是保障从政者个人平安成长的“护身符”，更是检验一个地方、一个部门、一个单位风清气正的环境的“度量衡”。清正廉洁是我们党对党员干部在岗履职的根本要求、一以贯之的道德底线，是一种美德，更是一种能力。党员干部是党的形象代表，只有自己管好自己，始终做到清正廉洁，才能至廉而威、至公而信、至严而范，工作中才能赢得群众信任、获得群众支持，从而具有强大的号召力、感召力和凝聚力，也才能真正承载起时代重任和历史使命。所以说，清正廉洁本身就是工作组织力、引领力的重要来源。反过来看，身为党员干部如果不具备管好、管住自己的能力，自我约束不严、自己不“干净”，就会严重损害党和政府的形象，就会给党和人民带来危害，就会失去为党为民工作的资格，也不可能获得施展才华、成长进步的机会和舞台，就不配当干部。因此，对于干部来说，工作能力有强弱之别，但清正廉洁没有有无、强弱之分。

不要人夸好颜色，只留清气满乾坤。该诗句出自元代诗人王冕的《墨梅》，吟咏的是墨梅不慕虚名、绽放清芬的品格。清正廉洁是共产党人应有的政治本色。从我们党诞生之日起，清正廉洁作为共产党人的政治本色，就始终与为中国人民谋幸福、为中华民族谋复兴的初心和使命连接在一起，使我们党赢得人民的信赖、爱戴和拥护。清正廉洁，是中国共产党人代代传承的红色基因。清正廉洁是为政的基石，也是为官从政必须涵养的品格。干部走上各自的岗位，大多是想干一番事业、实现自身价值。但如果在廉洁问题上翻了船，最终只会“一失万无”，谈何“为官一任，造福一方”。正所谓当官发财两条道，当官就不要想发财，想发财就不要当官。干部只有在清正廉洁上作出表率，才能永远做人民公仆、时代先锋、民族脊梁。清正廉洁任何时候都不能有丝毫松懈。干部必须在担当使命中永不变色，勇于担当负责，积极主动作为，保持斗争精神，敢于直面风险挑战，在实践历练中增长经验智慧，在坚守初心、勇担使命中涵养清正之气。

人生贵在自律，从政贵在廉洁。自律是在没有外人监督的情况下，自觉地自我约束，是党员干部不可或缺的人格力量。对于党员干部来说，只有努力追求道德“高线”、牢牢坚守法纪“底线”，才能成为党和人民需要的好干部。而无论是对“高线”的追求，还是对“底线”的坚守，都离不开自觉地严格自律。从追求“高线”看，自觉自律是一个人向上向善的永久动力。从善如登，从恶如崩。如果没有自觉自律，即使心里希望自己向上向善，在各种困难、矛盾面前，也容易出现麻痹大意、放纵懈怠，就难以始终保持执着的精神追求和坚强的意志品质。从坚守“底线”看，“高线”失守，“底线”难保，如果不能经常自觉对照党章党规党纪检视和要求自己，防微杜渐，思想防线必将土崩瓦解。因此，走好从政之路、人生之路，自律之心须臾不能放松。新时代的干部一定要自身净，正确处理公私、义利、是非、情法、亲清、俭奢、苦乐、得失的关系，在无人监督的情况下能够坚持原则、恪守道德，立身不忘做人之本，为政不移公仆之心，用权不谋一己之利，始终清清白白做人、干干净净为官。一定要自身硬，在细微处严格要求自己，注重小节，不断加强自我修炼、自我约束、自我塑造，无论在什么情况下都要旗帜鲜明讲政治，按党性原则办事，做到无愧于党、无愧于民、无愧于心。

三、必须始终坚持斗争精神和增强斗争本领

党的二十大报告指出，“我们党立志于中华民族千秋伟业，致力于人类和平与发展崇高事业，责任无比重大，使命无上光荣。全党同志务必不忘初心、牢记使命，务必谦虚谨慎、艰苦奋斗，务必敢于斗争、善于斗争”。敢于斗争是中国共产党人的鲜明政治品格，也是我们党始终如一的优良传统。我们党依靠斗争走到今天，也必然要依靠斗争赢得未来。迈向实现第二个百年奋斗目标的新征程，直面风高浪急甚至惊涛骇浪的重大考验，新时代的干部只有深刻认识斗争的极端重要性，强化斗争精神、坚定斗争意志、增强斗争本领，才能真正在新时代的大风大浪中过得硬，在新征程的急难险重中顶得上，在新使命的风险挑战中靠得住，才能可堪大用、能担重任。

（一）我们党在斗争中诞生、在斗争中发展、在斗争中壮大

斗争是我们党战胜一切风险挑战、夺取胜利的重要法宝。建党100多年来，我们党团结带领全国人民探索出中国特色社会主义道路，实现了中华民族从站起来到富起来的伟大飞跃；团结带领全国人民走进中国特色社会主义新时代，迎来了从富起来到强起来的伟大飞跃。其背后一个重要原因，就在于我们党始终具有不畏风险、不惧挑战的强大斗争精神和意志，始终具有敢于斗争、敢于胜利的强大斗争自信和底气。

勇于斗争源于马克思主义的真理伟力。 鲜明的斗争性贯穿于马克思主义创立和发展的全过程。马克思主义是在革命洪流中诞生的，诞

生之初其矛头就直指资产阶级及其剥削制度，在深刻揭示和批判中为人类解放指明了新的道路。《共产党宣言》指出，“至今一切社会的历史都是阶级斗争的历史”“共产党人为工人阶级的最近的目的和利益而斗争”。马克思指出，“批判的武器当然不能代替武器的批判，物质力量只能用物质力量来摧毁；但是理论一经掌握群众，也会变成物质力量”“如果斗争只是在极顺利的成功机会下才着手进行，那么创造世界历史未免就太容易了”。在马克思主义理论的指引下，共产主义者同盟、国际工人协会等革命组织应运而生，巴黎公社革命、十月革命等斗争行动的号角不断吹响。恩格斯曾评价道，“马克思首先是一个革命家”“斗争是他的生命要素。很少有人像他那样满腔热情、坚韧不拔和卓有成效地进行斗争”。1917 年，十月革命一声炮响，给中国送来了马克思列宁主义，自此强大的斗争精神就融入了中国共产党的血脉。

勇于斗争源于百年奋斗的宝贵经验。 我们党诞生于国家内忧外患、民族危难之时，一出生就铭刻着斗争的烙印。1921 年 7 月 23 日，在白色恐怖的威胁下，我们党的革命先进分子在上海兴业路 76 号一座石库门房子里召开了中国共产党第一次全国代表大会，宣告了中国共产党的诞生。在会议上，参会代表们指出，黑暗的政治局面，悲惨的经济生活，腐朽的社会现象，这一切都是易于引起革命爆发的因素，我们要利用这个形势，振奋革命精神，努力把各界人民的革命要求和愿望，引导到革命的轨道。在此之后，面对反动军阀进行的血腥镇压，我们党毅然领导了轰轰烈烈的工人运动。中国共产党成立后，团结带领人民进行了 28 年浴血奋战，结束了中华民族任人宰割、饱受欺凌的时代，实现了民族独立、人民解放，建立了中华人民共和国；团结带领人民艰苦创业，从新中国成立之初的百废待兴到改革开放的翻天覆地，从改革开放的高速发展到复兴征程的惊天动地。这背后靠的是一代代共产党人敢于担当、英勇斗争，也正是因为坚持顽强斗争，党的事业才获得发展、赢得胜利。

勇于斗争源于自信自立的历史底气。 人无精神则不立，国无精神则不强，党无精神则不兴。唯有精神上站得住、站得稳，一个政党才能在历史洪流中始终屹立不倒、永立潮头。坚持自力更生，依靠自身力量独立自主探索前进道路，是我们党百年伟大奋斗的基本历史经验。从革命战争时期，开辟了农村包围城市、武装夺取政权的正确革命道路；到新中国成立后，建立党在社会主义初级阶段的基本路线，在探索中推进社会主义革命和社会主义建设；再到改革开放和社会主义现代化建设新时期，坚持"摸着石头过河"，成功开创了中国特色社会主义；进入新时代，以习近平同志为核心的党中央坚定不移走自己的路，推动党和国家事业取得历史性成就、发生历史性变革。"党的百年奋斗成功道路是党领导人民独立自主探索开辟出来的，马克思主义的中国篇章是中国共产党人依靠自身力量实践出来的"，这充分彰显了中国共产党坚定的历史自信、伟大的历史主动精神和强烈的历史责任担当，这也是我们党敢于斗争的精神之源。

（二）斗争无时不在、无处不有，哪里有矛盾哪里就有斗争

马克思主义认为，社会是在矛盾运动中前进的，矛盾无时不在、无处不有，有矛盾就会有斗争。斗争是事物发展和实践创新的实现形式，体现着矛盾运动的对立统一规律。斗争是永恒的，但在不同时期有不同的表现形式。

百年变局充满斗争。 当今世界正处于百年未有之大变局，美国等西方国家对我国发展壮大越来越感到如鲠在喉、如芒在背，把我国发展壮大视为对西方资本主义制度和西方主导的世界秩序的威胁，特别是对美国全球霸主地位的威胁，因而对我国进行的颠覆性破坏活动一刻也没有停止。一些国家持续对我国进行多方面遏制、渗透，不断制造议题和事端，蓄意阻碍和破坏中华民族的伟大复兴进程，各种敌对势力搞西化分化、“颜色革命”的图谋一刻都没有停止过，贸易保护主义、单边主义甚嚣尘上，“台独”“港独”等势力暗流涌动，我国面临的维护自身主权、安全、发展利益的任务更加复杂繁重。核心利益是关系国家、民族生死存亡的根本利益，任何时候、任何情况下都不能放弃和牺牲。对此，党员干部一定要保持清醒头脑，始终坚定“四个自信”，毫不动摇地坚持中国特色社会主义制度，同一切歪曲和否定社会主义制度的言行作斗争，坚决反对一切分裂祖国、破坏民族团结和社会和谐稳定的行为，团结带领人民群众听党话、感党恩、跟党走。

改革攻坚需要斗争。 中国特色社会主义进入新时代，我们比任何时候都更接近中华民族伟大复兴的目标，但也面临着各种各样的风险和挑战。目前，我国经济发展已由高速增长阶段转向高质量发展阶段，正在向更高级的形态、更复杂的分工、更合理的结构转型升级，经济运行稳中有变、变中有忧，经济下行将使许多长期积累的风险水落石出，推进供给侧结构性改革过程中不可避免地会遇到一些困难和挑战，社会领域风险的叠加效应、联动效应、放大效应更加明显。改革发展稳定越是向前拓展，传统观念束缚、体制机制障碍、利益固化藩篱等问题就越是突出，简政放权、放管结合、优化服务等工作就会面临更大障碍，就越要触及深层矛盾和问题，就越要强化斗争精神，越是敢于涉深水区、啃硬骨头。

自我革命必须斗争。 我们党自身面临的风险是最致命的风险。党的十八大以来，我们党以自我革命精神推进全面从严治党，清除了党内存在的严重隐患，成效明显。事实反复证明，只要党内不出乱子，我们就能任凭风浪起、稳坐钓鱼台。但也要清醒看到，影响党的先进性、弱化党的纯洁性的因素是复杂的，党内存在的政治不纯、思想不纯、组织不纯、作风不纯等突出问题尚未得到根本解决。一些党员干部缺乏担当精神，斗争本领不强，实干精神不足；形式主义、官僚主义现象仍较突出；铲除腐败滋生土壤任务依然艰巨；等等。解决这些问题，迫切需要全体党员干部坚持刀刃向内、强化斗争意志、提高斗争本领，经常抓、抓经常，同一切弱化党的先进性、损害党的纯洁性的问题作坚决斗争，把党建设成为始终走在时代前列、人民衷心拥护、勇于自我革命、经得起各种风浪考验、朝气蓬勃的马克思主义执政党。

（三）只有敢于斗争、善于斗争，才能赢得尊严、赢得主动

习近平总书记强调，“许多时候胜利要通过斗争获得，谁也不会送给我们”。没有斗争，哪有新时代的历史性成就、历史性变革？害怕斗争、一味退让，最后肯定要完败！如果我们不保持箭在弦上的备战姿态，就可能连还手的机会都没有。新时代以来，我们党正是靠着敢于斗争、敢于胜利的强大精神，善于斗争、把握主动的强大能力，攻克了许多长期没有解决的难题，办成了许多事关长远的大事要事，有效应对了接踵而至的巨大风险挑战。

依靠顽强斗争打开了新时代事业发展的新天地。 党的十八大以来，面对影响党长期执政、国家长治久安、人民幸福安康的突出矛盾和问题，以习近平同志为核心的党中央审时度势、果敢抉择，锐意进取、攻坚克难，经受住了来自政治、经济、意识形态、自然界等方面的风险挑战考验，团结带领全党全军全国各族人民撸起袖子加油干、风雨无阻向前行，义无反顾进行具有许多新的历史特点的伟大斗争，迎来了中国共产党成立100周年，推进中国特色社会主义进入新时代，历史性解决困扰中华民族几千年的绝对贫困问题，完成了全面建成小康社会的历史任务，如期实现了第一个百年奋斗目标。尤其是党的十九大以来，党中央团结带领全党全军全国各族人民有效应对严峻复杂的国际形势和接踵而至的巨大风险挑战，攻克了许多长期没有解决的难题，办成了许多事关长远的大事要事，推动党和国家事业取得举世瞩目的重大成就。这当中取得的伟大历史性成就、伟大历史性变革，无一不是斗争的结果。

越是接近伟大目标越需要发扬伟大斗争精神。 习近平总书记强调，“在前进道路上我们面临的风险考验只会越来越复杂，甚至会遇到难以想象的惊涛骇浪。我们面临的各种斗争不是短期的而是长期的，至少要伴随我们实现第二个百年奋斗目标全过程”“前进道路不可能一帆风顺，越是取得成绩的时候，越是要有如履薄冰的谨慎，越是要有居安思危的忧患，绝不能犯战略性、颠覆性错误”。中华民族伟大复兴不是轻轻松松、敲锣打鼓就能实现的。新时代新征程，必然会遭遇来自政治、经济、意识形态、科技、社会、外部环境、党的建设乃至自然界等各种可以预见和难以预料的风险挑战，而且越是接近民族复兴伟大目标，风高浪急乃至惊涛骇浪的挑战和考验就越多，越是需要全体党员干部大力发扬担当和斗争精神，勇于直面使命任务的艰巨性、风险挑战的严峻性、伟大斗争的复杂性，矢志不渝推进中国特色社会主义伟大事业，为谱写马克思主义的中国篇章、完成好新时代新征程中国共产党的使命任务不懈奋斗。

（四）新时代好干部必须不断强化斗争精神、提高斗争本领

习近平总书记强调，党员干部“要做起而行之的行动者、不做坐而论道的清谈客，当攻坚克难的奋斗者、不当怕见风雨的泥菩萨，在摸爬滚打中增长才干，在层层历练中积累经验”“要经受严格的思想淬炼、政治历练、实践锻炼，在复杂严峻的斗争中经风雨、见世面、壮筋骨，真正锻造成为烈火真金”。斗争精神、斗争本领不是与生俱来的。党员干部必须自觉加强斗争精神和斗争本领养成。

坚定顽强不屈的斗争信念。 斗争意识是斗争精神的前提。没有斗争意识，就没有斗争精神，更遑论斗争本领。和平年代不意味着可以告别斗争，平静的海面下往往暗潮汹涌。我们要时刻绷紧斗争这根弦，准确把握当前面临的新形势新挑战，充分考虑到斗争形势的严峻性、复杂性、艰巨性，把问题想得更深一些、更全一些，时刻做好应对准备，随时准备进行针锋相对的斗争。决不当圆滑世故的“老好人”，敢于、乐于、习惯于红脸出汗，面对大是大非敢于亮剑，面对矛盾敢于迎难而上，面对危机敢于挺身而出，面对失误敢于承担责任，面对歪风邪气敢于坚决斗争，让坚持真理、明辨是非、敢于担当的优良作风成为社会常态。

树立敢打必胜的斗争信心。 斗争的长期性、复杂性、艰巨性，决定了斗争需要有知难不惧、刚强不屈、坚韧不拔、锲而不舍的意志。

中国共产党100多年的发展历程充分证明，我们党领导人民从战争走向胜利、从弱小走向强大、从落后走向富强，靠的就是坚韧不拔的斗争意志。理想信念是斗争的力量源泉。没有理想的人是不能指望的。要始终保持对远大理想和共同理想的清醒认知和执着追求，争做政治上的明白人、意志上的坚定者、斗争上的先行者，矢志不渝为崇高理想而执着奋斗。正义斗争一定会胜利。得道多助，失道寡助。要把党的初心、党的使命铭刻于心，把人民放在心中最高位置，同人民风雨同舟、血脉相通、生死与共，想问题、作决策、办事情都要站在人民立场、解决群众难题、增进人民福祉，不断增强人民群众获得感、幸福感和安全感，这是我们战胜一切困难和风险的根本保证。

保持奋勇无畏的英雄气概。 衡量党员、干部有没有斗争精神、是不是敢于担当，就要看面对大是大非敢不敢亮剑、面对矛盾敢不敢迎难而上、面对危机敢不敢挺身而出、面对失误敢不敢承担责任、面对歪风邪气敢不敢坚决斗争。党员干部要有效应对挑战、破解难题，没有斗争魄力是做不到的。要不信邪、不怕鬼，襟怀坦荡、光明磊落，自觉摒除私心杂念，以“明知山有虎、偏向虎山行”的英雄气概，保持铮铮铁骨，做到真理真话敢讲、歪风邪气敢管、硬事难事敢抓。要不胆怯、不妥协，始终保持永不懈怠的精神状态和一往无前的奋斗姿态，以蓬勃朝气、昂扬锐气、浩然正气和舍我其谁的胆识，敢于大胆创新，先试先行，带出一支无所畏惧、能打胜仗的队伍。要不慌乱、不犹豫，面对重大斗争，不能在心理上患得患失、在战略上摇摆不定、在行动上随波逐流。要厚积薄发，增强多谋善断、临机决断的能力，做到胆要大、心要热、头要冷，临危不乱、镇定自若，敢于拍板、及时出手。

掌握机动灵活的斗争艺术。 斗争方式不是一成不变的，需要灵活把握、巧妙运用。要注重讲求策略，始终立足大局、服务大局、融入大局，提高政治站位，把准政治方向，善于从政治上研判形势、分析问题，善于从纷繁复杂的局势中找到制约工作、需要突破的主要矛盾和关键环节，做到先谋于局、后谋于略、略从局出，牢牢把握斗争的主动权。要注重有理有节，严格区分和正确处理不同性质的矛盾，深入了解斗争的目的和性质，判断斗争的阶段和任务，了解现行法律法规，在法理上、道义上都争取制高点，不做无谓的争执与纠缠，做到打“有理之战”“正义之战”。要注重团结合作，尽可能去寻求、扩大“共同”的因素，寻求最大公约数。不仅要团结志同道合的人，还要善于团结与自己意见不同的人，特别是反对自己的人。当然，对原则问题要敢于亮剑、坚持斗争，对非原则问题要时刻以事业和大局为重，做到以斗争促和谐、以斗争求稳定。

加强摸爬滚打的斗争历练。 习近平总书记强调，党员干部要用知重负重、攻坚克难的实际行动，诠释对党的忠诚、对人民的赤诚。党员干部要克服在重大风险挑战面前的“软骨病”、恐惧症、无能症，就要到斗争实践中、一线上去真刀真枪地干。干部要主动在实践中磨砺真本领，要把全部心思和精力用在干事创业上，加强实践锻炼，克服“本领恐慌”，使专业素养和工作能力跟上时代节拍，具备担当的宽肩膀、成事的真本领。干部要敢于将自我革命进行到底，时刻加强自我改造，涵养自我净化、自我完善、自我革新、自我提高的能力，坚决抵制庸俗腐朽的政治文化，自觉抵制商品交换原则对党内生活的侵蚀，同一切影响党的先进性、弱化党的纯洁性的问题作坚决斗争。

四、年轻干部要自觉自愿到基层和艰苦环境中强筋健骨

党的二十大报告提出，青年强，则国家强。当代中国青年生逢其时，施展才干的舞台无比广阔，实现梦想的前景无比光明。习近平总书记强调，“参加工作后，在普通岗位上经历一些难事、急事、大事、复杂的事，能够更加深刻地感受国情、社情、民情，也就是人们常说的‘接地气’，正所谓‘不登高山，不知天之高也；不临深溪，不知地之厚也’”“年轻干部要起而行之、勇挑重担，积极投身新时代中国特色社会主义伟大实践，经风雨、见世面，真刀真枪锤炼能力，以过硬本领展现作为、不辱使命”“广大青年要坚定不移听党话、跟党走，怀抱梦想又脚踏实地，敢想敢为又善作善成，立志做有理想、敢担当、能吃苦、肯奋斗的新时代好青年”。好干部是学出来、干出来的。加强对年轻干部的历练，既是组织培养优秀年轻干部重要方式，更是年轻干部茁壮成长的必由途径。知识和经验犹如雄鹰之双翼，年轻干部只有自觉投身生动实践，勇于经风雨、见世面，才能飞得更高、飞得更远。

（一）干部成长没有捷径，经风雨才能壮筋骨

习近平总书记指出，“干部成长是有规律的，年轻干部从参加工作到走向成熟，成长为党和国家的中高级领导干部，需要经过必要的台阶、递进式的历练和培养”“早熟的果子长不大，拔苗助长易夭折。干部多‘墩墩苗’没有什么坏处，把基础搞扎实了，后面的路才能走得更稳更远”。年轻干部一定要脚踏实地、深入基层、积极历练，绝不能好高骛远，搞自我设计。

宰相起于州部，猛将发于卒伍。事物的发展都有其客观规律，如果违背客观规律，急于求成，急功近利，做一些不合时宜、不合逻辑、不合情理的事，往往达不到效果，还适得其反。荀子有言："不积跬步，无以至千里；不积小流，无以成江海。"凡事发展进步都不是一朝一夕、一蹴而就的，都需要一个过程、一段时间，从一点一滴、一环一节积累，积少成多、积微成著。同样，干部成长也有其自身规律，没有人生来就是宰相、将军，成大事者，大多是从基层一步步摔打起来的、锻炼出来的。根深才能叶茂，本固方可长远。干部成长成才，只有沉得住气方能成大器。刚刚走出"课堂"的年轻干部，往往心怀理想、渴望认可、梦想成功，这无疑是激励其成长的正能量，值得肯定和鼓励，但是切不能好高骛远、脱离实际，如果把愿景当成实际、把目标当成结果，忘记了过程的重要，没有付出应有的努力，那么想得再好也只能是痴人说梦、竹篮打水。常言道，"瓜不熟不落，时不至不成""百年陈酒十里香"。一名干部成长起来，离不开长期的努力，少不了实践的历练，没有捷径可走，更不可能轻轻松松就平步青云、一飞冲天。年轻干部一定要珍惜韶华、不负青春，深入实践、抓紧历练，不断积累、厚积薄发。

只有千锤百炼，才能成为好钢。明代于谦在《石灰吟》中写道，"千锤万凿出深山，烈火焚烧若等闲"。石灰石因为有千万次敲击和烈火的焚烧，方能成为石灰。铁矿石因为有千百次淬火铸炼，才会熔铸成好钢。炼钢需要脱杂、去气、淬火，干部成长需要去娇气、去傲气、去浮气，反复淬炼锻打。同理，年轻干部成长，就如炼铁成钢，只有反复磨砺，才能成长成才。俗话说，不经历风雨，长不成大树。习近平总书记指出，"速生树材质疏松，是做不了扁担的，做了就会把担子挑翻"，干部“要做起而行之的行动者、不做坐而论道的清谈客，当攻坚克难的奋斗者、不当怕见风雨的泥菩萨，在摸爬滚打中增长才干，在层层历练中积累经验”。习近平总书记是这样说的，也是这样做的。当年作为“年龄最小、去的地方最艰苦、插队时间最长”的下乡知青之一，他正是凭着勇于在艰难困苦境遇中磨砺的精神，实现了意志的锤炼、精神的升华、能力的提升、人生的成长。年轻干部就当像他这样，积极投身实践多锻炼，让自己在实践的砥砺中增强党性、改进作风、磨炼意志、陶冶情操、提升境界、增长才干。

刀要在石上磨，人须在事上练。邓小平同志曾指出，经过实践，真正能干的人就会冒出来。社会是在矛盾运动中前进的，有矛盾就会有斗争。明代大儒王阳明讲：“人须在事上磨练，做功夫，乃有益。”人的能力本领不是从天上掉下来的，也不仅仅是从书本里得来的。书本教给我们的是理论和方法，要有真本领，具备真才能，既要读好有字之书，也要读好无字之书，只有通过日复一日、年复一年的斗争历练和一事未平、一事又起的实践磨砺，只有多经事、多干事，才能练就担大事、解难事、干成事的真本领。党员干部要自觉从思想上磨炼自己，积极投身到困难矛盾最多的地方去，不断锤炼党性修养，砥砺政治品格，筑牢为民情怀，真正弄懂“我是谁、为了谁、依靠谁”；要自觉从行动上磨炼自己，以“敢教日月换新天”的决心和气概，投身改革开放最前沿、攻坚克难主战场、服务群众第一线，让自己脚踏实地接“地气”，干事创业有“底气”，开拓创新长“灵气”。

（二）基层是最好的课堂，群众是最好的老师

习近平总书记强调，“优秀年轻干部要有足够本领来接班。要加强

学习、积累经验、增长才干，自觉向实践学习、拜人民为师。要沉下心来干工作，心无旁骛钻业务，干一行、爱一行、精一行”。基层是事业的大舞台，群众是智慧的蓄水池。深入基层、植根群众，是年轻干部掌握实际情况、培厚群众感情、寻觅创新灵感、提高能力本领的重要途径。

实践出真知，基层是沃土。 千尺大树扎根基层，万丈高楼立于坚石。习近平总书记指出，“治国安邦重在基层，党的工作最坚实的力量支撑在基层，最突出的矛盾和问题也在基层”“基层跑遍、跑深、跑透了，我们的本领就会大起来”。只有深入基层了解真实情况，我们的工作才会更有成效。基层是党员干部了解国情、了解中国社会、向广大群众学习的好课堂，也是党员干部磨砺作风、提高素质的磨刀石。党员干部只有深入基层了解真实情况，把基层跑遍、跑深、跑透，多一些基层经历，不断增强对基层生活的感知、对基层群众的关爱、对基层艰辛事务的了解，才能在干事创业中更有底气，才能拿出足够硬气的工作实绩，在实践中交出让党放心，让群众满意的时代答卷。如果一个干部从“校门”直接进“机关门”，就很难接“地气”，脑中画不出群众的脸谱，工作思路和方法就很可能脱离实际，解决不了基层的问题，自然也就很难得到群众拥护。脚上沾了多少泥土，心中就沉淀了多少真情。清水在于流动，感情在于走动。党员干部只有真正走进百姓中间，才能了解群众所思所盼，才能摸准难题症结，才能与群众建立真感情。可以说，干部与群众之间的“鱼水情深”就是用脚步丈量出来的。年轻干部要多往基层一线跑，多穿“草鞋”，蹚泥巴、涉河水，走村串巷，听真言、摸实情，拜群众为师，与群众打成一片，尽可能多地获取最原始、最珍贵的素材，决不能“足不出户”、甘做“井底之蛙”“大家闺秀”。

群众是先生，干部是学生。 习近平总书记曾多次强调，党员干部要拜人民为师，甘当小学生。拜人民为师，是由我们党的性质宗旨决定的。我们党是马克思主义政党，始终坚持和发展马克思主义人民观、群众观，始终正视人民群众的历史主体地位，充分发挥人民的智慧与力量。历史是人民书写的，人民群众是历史活动的主体，唯有人民才能创造出巨大的物质财富和精神财富。历史的发展规律一再证明：人民的需要和意愿代表着时代的精神，反映着历史的主流，决定着社会前进的方向；那些源于群众的创新创造，最紧贴实际情况，常常能破解发展难题，为总结经验、探查规律、发展实践提供丰富营养。毛泽东同志曾说，“在我党的一切实际工作中，凡属正确的领导，必须是从群众中来，到群众中去”，而且他还指出“没有满腔的热忱，没有眼睛向下的决心，没有求知的渴望，没有放下臭架子、甘当小学生的精神，是一定不能做，也一定做不好的”。《尚书》云：“好问则裕，自用则小。”年轻干部绝不能因学历高就自视甚高，错摆了“老师”与“学生”的位置。一定要以“空杯”的心理、“小学生”的心态，把群众当作老师，虚心向群众学习，接受群众的教育，多往群众家里跑，真心诚意和群众交朋友，多到群众家里坐坐，倾听百姓之音，摸清群众思想脉搏，不断从实践的丰厚土壤中获取养料养分、从群众身上汲取智慧力量，从而开阔视野、增长见识、丰富阅历。

多多接地气，才会有底气。 习近平总书记强调，年轻干部“要眼睛向下、脚步向下，经常扑下身子、沉到一线”“要坚持到群众中去、到实践中去，倾听基层干部群众所想所急所盼，了解和掌握真实情况”。年轻干部要加快成长，就要沉下基层、深入群众，而且既要沉得下、沉得深、沉得住，还要用真信、动真情、下真功，在基层复杂多变的实践锻炼中，尽早独当一面，堪当大任。要在工作上深入基层，多经事、多干事、肯请教、善总结，把工作中那些复杂、棘手、艰难和具有风险的事当作“磨刀石”，勇于砥砺，下力砥砺，真正在实践中磨炼出坚强的意志品格，磨出锋利的刀刃，无论面对什么困难，都能披荆斩棘、奋勇前行，在基层实践的大舞台上大显身手。要在情感上亲近群众，主动走进群众，与群众“结亲戚”，经常到群众家看一看、坐一坐、谈一谈，用情感人、用情动人，真正获得群众的认可、接受和亲近；在言语上要贴近群众，多讲“土话”“接地气的话”，多与群众拉家常，对群众讲实话不讲空话，讲真话不讲假话，多讲一些群众容易懂、愿意听、受欢迎的话，避免乱表态、无的放矢；在行动上走进群众，把自己当作普通群众的一员，不搞特殊化，放下架子、伏下身子、走下车子，多与群众接触，多与群众亲近，多交群众朋友。

（三）温室栽不出万年松，庭院跑不出千里马

习近平总书记指出：“青年时期多经历一点摔打、挫折、考验，有利于走好一生的路。”茶树多年生谓之老，生长于悬崖烂石之上谓之崖，千百年来自由生长谓之野。陆羽在《茶经》中说，“野者上，园者次”“上者生烂石，中者生砾壤，下者生黄土”。倘若把人的成长比喻成茶树的生长过程，同样也只有在“烂石”中生长起来的才是最佳的。年轻干部成长，没有受过艰难困苦的砥砺，没有当过几次“热锅上的蚂蚁”，没有接过几回“烫手的山芋”，永远是温室的花朵，成不了大事。

成功没有偶然，吃苦才能吃香。 毛泽东同志曾说过：“享受让给

人家，担子拣重的挑，吃苦在别人前头，享受在别人后头，这样的同志就是好同志。”习近平总书记强调：“选择吃苦也就选择了收获，选择奉献也就选择了高尚。”党章中明确规定，“吃苦在前，享受在后，克己奉公，多做贡献”是党员必须履行的义务。任何取得的成绩和亮眼的光芒，背后都是默默艰辛的付出。“年龄最小、地方最苦、时间最长”，这三个“最”可以说是习近平同志插队生涯最鲜明的印记。那时候他铆足劲扎根干，什么苦活累活都干过，即使最后只剩他一个知青了，也依然是该干活干活、该吃苦吃苦，坚忍不拔、毫不懈怠，不但入了党，还当上了大队党支部书记。这些曲折经历成了他成长路上的磨刀石，使他在艰苦磨砺中逐步成长为党和人民事业的坚强领导核心。成功的道理有千万条，但如果没有吃苦耐劳的品质、坚忍不拔的意志，一切的道理都没有用。现实中，有的干部不愿吃苦，对工作挑肥拣瘦，把苦差事推给别人，把好差事留给自己；有的害怕吃苦，难事急事在前就躲了、闪了、避了；有的吃不得苦，一遇到艰苦环境、困难事情、加班加点就嗷嗷叫；等等。殊不知，放弃了苦难，也就放弃了进步；把苦难让给了别人，也就把机遇让给了别人。任何人的成长都是苦出来的、拼出来的、熬出来的，任何事的成功都是逼出来的、闯出来的、奋斗出来的。没有一番寒彻骨，哪来梅花扑鼻香。年轻干部要成长，一定要肯吃苦，以苦为乐，扛得住重活、打得了硬仗、挑得了重担，不讲条件、不怕苦累。

世上无难事，只要肯攀登。 马克思说过，在科学上没有平坦的大道，只有不畏艰辛，沿着陡峭的山路攀登的人，才有希望到达光辉的顶点。这就启示我们，世上没有爬不到顶的山，只有半途而废的人。人的理想就好比陡峭的山峰，每个人都希冀领略山巅的美景、感受登顶的自豪，但登上山之绝顶，必须从山脚一步一步爬升，越过荆棘和坎坷。如果没有战胜困难的勇气，没有坚韧不拔的毅力，那就永远欣赏不到山顶的风景。正所谓，艰难困苦，玉汝于成。红军两万五千里长征，硬生生在雪山草地上走出了一条大道，两弹一星、天宫蛟龙从无到有，硬生生杀出一条上天入地的路，靠的都是愿吃天下第一苦的精神。年轻干部要加快成长，就要克服“骄”“娇”二气，敢于把自己放到艰苦环境中锻炼、到吃劲岗位上磨砺、到大战大考中检验。但现实中，有的年轻干部贪图安逸，艰苦地方不愿去，怕吃苦、怕受累、怕吃亏；有的目空一切，平日对工作品头论足、对他人指指点点，但一遇到急难险重和突发事件，却不敢上前线；有的眼高手低，小事不想干、难事不愿干、大事干不了，还整日感叹“英雄无用武之地”；有的思想不端，做难事想的是出风头、得提拔，而不是全心全意为党尽责、为民造福，做了一点点成绩就与组织讲价钱。习近平总书记强调，“这种锻炼不是做样子的，而应该是多岗位、长时间的，没有预设晋升路线图的”。年轻干部一定要有迎难而上的胆气、攻坚克难的锐气，多在困难矛盾中磨炼提高，多在风险挑战中历练成才。

苦难面前不退缩，越是艰苦越向前。 古人言：“天将降大任于是人也，必先苦其心志，劳其筋骨，饿其体肤，空乏其身，行拂乱其所为，所以动心忍性，曾益其所不能。”到艰苦的地方去锻炼，就是干部“曾益其所不能”的一种重要途径。到困难艰苦的环境，必然有酸甜苦辣、艰难困苦、风险挑战。能不能忍得了、耐得住、坚持得久，决定了人生成长的高度。习近平总书记强调，年轻干部“要坚持在重大斗争中磨砺，越是困难大、矛盾多的地方，越是形势严峻、情况复杂的时候，越能练胆魄、磨意志、长才干”“面对工作难题，要有明知山有虎、偏向虎山行的劲头，积极寻找克服困难的具体对策，豁得出来、顶得上去，真正成为带领人民群众战风险、渡难关的主心骨”。推进伟大事业、实现伟大复兴，需要一个难题接着一个难题去攻克、一项工作接着一项工作去推进。年轻干部只有干在实处，才能练在苦处，才能真真正正得到锻炼和培养。要拿出“明知山有虎、偏向虎山行”的勇气，积极投身到艰苦边远的地方去，到困难最多的一线去，到情况复杂、矛盾集中的岗位上去，摒弃“懒漂躁”的工作态度，遇到问题不绕道、遇到矛盾不上交、遇到困难不退缩，敢于挑重担、敢于冒风险、敢于涉险滩、敢于攻难关，以能吃天下第一等苦的勇气和魄力，不断锤炼党性修养，砥砺政治品格，筑牢为民情怀，真正弄懂“我是谁、为了谁、依靠谁”，让自己在一线的磨刀石上淬铁成钢、脱胎换骨。

（四）自愿受锻炼是品质，自觉去磨砺是境界

美国著名演说家安东尼·罗宾曾说：“塑造你生活的不是偶尔做的一两件事，而是你一贯坚持做的事。”一贯坚持道出了自觉的重要性。年轻干部自愿接受实践的摔打磨砺，愿意服从组织安排到艰苦的地方和环境去工作，这是党性要求，也是应有的品质，而始终把党的利益放在首位，自觉地积极地到党和人民事业需要的地方去，是一种难能可贵的精神和品格，体现的是格局和境界。年轻干部一定要树立甘为事业作奉献、甘为人民作牺牲的大格局、高境界。

干部是块砖，哪里需要哪里搬。服从是共产党人的基本政治素质。党章明确规定：“党员个人服从党的组织，少数服从多数，下级组织服从上级组织，全党各个组织和全体党员服从党的全国代表大会和

中央委员会。”这“四个服从”，是我们党最基本的组织原则和最基本的组织纪律，也是党员干部必须遵守的政治纪律和政治规矩。听从组织召唤，服从组织安排，执行组织决定，到组织最需要的地方去，是党员干部应有的政治意识、大局意识、纪律意识，综合反映着党员干部的政治素质、道德素质、纪律素质乃至能力素质。对组织绝对服从，既是干部政治思想上成熟的重要标志，也是干部的价值体现。党员是党的肌体细胞，党的领导离不开每一名党员作用的发挥，党的事业需要每一名党员担当作为。身为党员干部，如果习惯个人主义、自由主义，把组织纪律抛之脑后，做事信马由缰，工作随心所欲，不执行落实组织决定，甚至另搞一套，不仅贻误党的事业、不利于自身成长，更将危害党的团结统一。年轻干部一定要增强党的意识，第一职责是为党工作，始终不忘自己应尽的义务和责任，相信组织、依靠组织、服从组织，自觉接受组织安排和纪律约束，不管被安排到哪里、不管被要求做什么，都应愉快接受、坚决遵守、严格落实。

永葆对党无限深情，始终听党话跟党走。习近平总书记指出，共产党人“都应该心胸开阔、志存高远，始终心系党、心系人民、心系国家”“要有饮水思源、懂得回报的感恩之心，感恩党和国家，感恩社会和人民”。世界上没有哪一个人生来就万事皆能，要想获得成长、有所成就，都需要得到外界各种关心支持。党员干部的成长进步，个人的素质能力、勤奋努力、实干实绩固然重要，但更离不开党的培养、人民的哺育。年轻干部只有对党怀有深厚的感情，始终把党摆在心头正中，才可能真正一心向党、一切为党，随时准备为党和人民牺牲一切，也才可能自觉自愿到基层和艰苦环境去磨炼、去发光发热。爱党是共产党员最朴素的党性修养，就是发自心底地、真心实意地、千方百计地对党好，对党始终充满深厚感情、始终如一。这不是空洞的概念，不是喊在嘴上的口号，而是具体的、实实在在的，具体体现为坚定不移听党话、跟党走、党让干啥就干啥。年轻干部一定要在思想上认同组织，在行动上服从组织，在感情上信赖组织，感恩组织的培养、教育，无论什么时候都相信党、相信组织，把自己的一切托付给组织，把自己的命运和党的命运紧密联系在一起。

第二章

新时代的领导干部堪当重任乃是应有之义

领导干部是党治国理政的实施者，是党的路线方针政策的执行者，往往负责一个地方、一个部门或是分管某一方面的工作，身处关键岗位、关键领域、关键环节，是干部队伍中的“关键少数”，起着统揽全局、协调各方，执掌权力、支配资源的作用。

实践和历史证明，办好中国的事情，关键在党，关键在人，关键在各级领导干部。土地革命时期，正是由于我党我军集聚和培养了一大批能征善战的优秀将领和各类干部人才，才推动人民军队不断由弱小走向强大；解放战争时期，我们党及时从各解放区抽调 2 万名干部和 11 万人的军队进入东北，在与国民党争夺东北的较量中获得先机，为东北解放战争的胜利、进而解放全中国奠定了重要基础；社会主义革命和建设时期，一大批德才兼备、又红又专的领导干部，适应党的工作重心转移的需要，全面学习领导经济工作、领导城市管理的有关经验，为顺利完成社会主义改造，全面开展社会主义建设打下了坚实的基础；改革开放以后，我们党坚持革命化、年轻化、知识化、专业化“四化”方针，培养造就了一支忠于党和社会主义现代化事业、具有相应的科学文化知识、充满活力的领导干部队伍，正是靠着这支队伍，我们党团结带领全国各族人民，经过长期不懈的努力，实现了从生产力相对落后的状况到经济总量跃居世界第二的历史性突破，实现了人民生活从温饱不足到总体小康、奔向全面小康的历史性跨越，推进了中华民族从站起来到富起来的伟大飞跃；中国特色社会主义新时代，一大批信念坚定、为民服务、勤政务实、敢于担当、清正廉洁的领导干部坚持实践实干实效，忠诚履行政治责任，圆满完成脱贫攻坚、全面建成小康社会的历史任务，实现了第一个百年奋斗目标。从现在起，我们党的中心任务就是团结带领全国各族人民全面建成社会主义现代化强国、实现第二个百年奋斗目标，以中国式现代化全面推进中华民族伟大复兴。这是一项伟大而艰巨的事业，前途光明，任重道远。特别是当前我国发展进入战略机遇和风险挑战并存，不确定、难预料因素增多的时期，各种“黑天鹅”“灰犀牛”事件随时可能发生。这就需要一大批政治上、思想上、能力上、担当上、作风上、自律上过硬的领导干部，只有领导干部埋头苦干、担当作为、堪当重任，我们的事业才会兴旺发达，全面建设社会主义现代化国家、全面推进中华民族伟大复兴才有可能变成现实。

一、既要顶天又要立地

顶天立地原意是指头顶着青天、脚立在大地上，形容光明正大、形象高大、气概豪迈。领导干部顶天立地，是指既要仰望星空，全面了解掌握党的路线方针政策和上级的决策部署，又要脚踏实地，熟悉掌握本地、本单位的实际情况，并在二者之中找到结合点，把上级的精神和要求不折不扣落到实处、产生实效。

（一）吃透上情，接好“天线”

领导工作很重要的内容就是围绕中心、服务大局。怎样把握好中心和大局？就是要吃透上情，完整、准确、全面理解把握、贯彻落实党的路线方针政策以及上级的指示精神。党的路线方针政策是指导我们一切活动的行动指南，是推动党的各项事业发展的根本遵循，具有普遍性、科学性和指导性。领导干部必须全面学习、全面把握、全面落实，切不可望文生义、断章取义，随意解释、以偏概全。

站得高才能看得远。 站位的高度决定看问题的角度。邓小平同志曾说，政治家的眼界要非常开阔，要从大局看问题，放眼世界，放眼未来，也放眼当前，放眼一切方面。新时代领导干部只有站在战略的高度，放眼全局谋一域，把握形势谋大事，才能够从整体上把握事物发展趋势和方向，制定科学可行的战略方案，又能在不断变化发展的形势任务中化被动为主动，牢牢把握工作主动权。这是吃透上情的基础和前提。**站位决定定位。**站位的高度决定看问题的角度，更决定着一个人最终能走多远。站位高的人，始终胸怀全局、深谋远虑，找得准定位、摸得清方位，可以在桅杆刚刚露出的时候，就能看出这是要发展成大量的普遍的东西，并能掌握它，增强前瞻性、预见性，推进工作才能得心应手。**提高两三个层次看问题。**不审天下之势，难应天下之务。要树立大局意识，学会登高望远，善于从多个角度去观察和思考，尽可能了解、掌握事物的全貌，自觉把当下工作放到长远工作中去谋划，把具体工作放到中心工作中去谋划，把区域工作放到全局中去谋划，对标定位、找准差距，审时度势、争取主动，增强工作的预见性、方向性、针对性。

政策水平反映领导水平。 领导工作具有很强的政策性。领导干部对政策的理解程度、运用能力，很大程度上决定着其领导水平的高低，进而影响到事业的兴衰成败。毛泽东同志曾指出，共产党领导机关的基本任务，就在于了解情况和掌握政策两件大事。这既是对领导机关的要求，也是对领导干部个人的要求。面对新时代艰巨繁重的发展任务、错综复杂的发展环境，领导干部只有不断提高敏锐把握政策、熟练掌握政策、有效落实政策的能力，才能始终确保工作方向的正确性、对策措施的精准性、具体落实的实效性，进而为贯彻落实党中央决策部署、推动事业长远发展打下坚实基础。如果政策理解不到位、把握政策不精准，或者在执行政策中走样变形，就会沦为“政策盲”，阻碍工作推进，甚至产生严重后果。**政策是党的事业的“生命线”。**毛泽东同志曾指出：“政策是革命政党一切实际行动的出发点，并且表现于行动的过程和归宿。一个革命政党的任何行动都是实行政策。”回顾党的历史，不管是革命、建设还是改革时期，党和人民事业的前进与倒退、发展与停滞，无不与党制定执行的政策是否正确密切相关。当我们党重视政策，政策全部走上正轨的时候，事业就兴旺发达；反之，事业就会遭受挫折、蒙受损失。党和人民事业要不断从胜利走向胜利，一刻也离不开正确的政策。**领导干部要成为“政策通”。**精通政策，办事轻松；政策不通，累也无功。习近平总书记强调，党员干部要身体力行落实好党的方针政策，就是需要党的干部知政策、学政策、懂政策，而且会用政策。领导干部要增强政策意识，把学习掌握政策作为一项长期任务，结合工作实际，自觉带头原原本本学习政策，坚持边学边思边悟，努力吃透精神实质，并结合实际创造性地执行政策，运用政策解决现实问题，更好地把政策转化为推动发展的强劲动力、转化为实实在在的治理效能。

（二）摸清下情，铺好“地线”

各地、各单位情况不同，并且形势的发展变化日新月异。做任何工作，都不能上下一般粗、左右一个样，关键要立足实际、实事求是。怎样做到立足实际、实事求是呢？就是要了解和掌握本地本部门的经济社会发展状况、干部群众的思想实际以及工作的成绩和不足等。这是我们做好一切工作的立足点、着力点，任何政策、措施脱离了实际，都必然会落空跑调。做好领导工作，必须深入实际、深入基层、深入群众，奔着问题去，掌握第一手资料，不断深化认识、把握规律。

不接地气就没有底气。 党的二十大指出，要增强全党全国各族人民的志气、骨气、底气，不信邪、不怕鬼、不怕压。志气、骨气归根结底要靠底气，底气足，则刚强正直、顶天立地，做人昂扬向上；底气不足则心虚胆怯、气馁势弱，让人觉得不可信、不托底。底气是自信的表现、成熟的表现，是一种实实在在的人格魅力。领导干部代表的是党的形象和组织的尊严，承担的是人民的信任和发展的重任，说话办事、一举一动都影响重大，没有底气是无法干好的。底气从哪里来？关键是要接地气，就是要从群众中来、到群众中去，广泛接触群众，与群众打成一片，在群众的信任支持下增底气、聚人气。**不了解基层就不了解国情。**习近平总书记指出："基层跑遍、跑深、跑透了，我们的本领就会大起来。"只有深入基层了解真实情况，我们的工作才会更有成效。实践出真知，基层是沃土。基层是党员干部了解国情、了解中国社会、向广大群众学习的好课堂，也是党员干部磨砺作风、提高素质的磨刀石。一个领导干部要是不了解基层、不深入群众，就掌握不了实际情况，工作思路和工作方法就很可能脱离实际，自然也就无法"从中国基本国情出发"，依靠自身力量解决问题了。**身到基层更要心入基层。**带着感情、带着温度，与群众面对面交流、心贴心沟通，俯下身子、真心诚意地了解群众的所思所想所盼，了解掌握更多

“沾泥土”“带露珠”“冒热气”的鲜活情况，尽最大努力帮助群众解忧纾困，真正赢得群众信赖和支持。

调查研究是领导干部的基本功。 习近平总书记强调，调查研究，是对客观实际情况的调查了解和分析研究，目的是把事情的真相和全貌调查清楚，把问题的本质和规律把握准确，把解决问题的思路和对策研究透彻。重视调查研究，是我们党在革命、建设、改革各个历史时期做好领导工作的重要传家宝，是做好领导工作的基础。这不仅是一种工作方法，更是关系党和人民事业得失成败的大问题。**没有真调查就没有真决策。**调查研究是了解情况、分析情况的重要一环，调查研究的过程就是领导干部提高认识能力、判断能力和工作能力的过程。陈云同志多次指出，做工作要用90%以上的时间研究情况，用不到10%的时间做决定。要把开展充分的、正确的调查研究作为分析问题、解决问题、作出决策的前提条件，多层次、多方位、多渠道调查了解情况，在此基础上进行一番分析、比较、反复的工作，把零散的认识系统化，把粗浅的认识深刻化，真正找到解决问题的正确办法。**调查研究要方法得当。**要眼睛向下，与群众同坐一条凳、同吃一桌饭，多听取群众意见，多汇集他们的智慧，多归纳他们的想法，做到情况清、底子明；要带着问题，紧盯群众关心的问题、工作中的难题、发展面临的课题，问政于民、问需于民、问计于民；要注重细节，从小处着手，深入“解剖麻雀”，使决策部署有的放矢。

（三）抓好结合，通好“连线”

方向正确以后，方法便为王。毛泽东同志在《关于领导方法的若干问题》中，专门论述了“两个‘结合’”的问题，强调一般和个别相结合，领导和群众相结合，这是毛泽东同志把唯物辩证法运用于实践的具体体现，是他提倡的工作方法的精髓和核心。做好新时代领导工作，也要在做好结合上下功夫，找准“上情”与“下情”的对接点，把中央的大政方针与本地本部门实际有机结合起来，始终“站在天安门上”想问题，“踩在田埂上”做事情，做到理论与实际相结合、“上情”与“下情”相结合、方向与方法相结合。结合做得好，工作就有新意，就能出成绩，就能体现水平；否则，就会顾此失彼，不是脱离中心、盲目自转，就是飘在空中、无法落地。

结合是最大的创新。 要上下结合，把中央大政方针与本地的实际情况有效地结合起来，加强分类指导，不搞一刀切，不提脱离实际的口号，不定超越阶段的目标，不做违背发展规律和群众意愿的事，提高驾驭复杂局面和防范风险的本领。要左右结合，既立足当地，发挥群众首创精神，创造性地开展工作，形成具有本地特色、本地经验的工作成果，又注重学习借鉴先进地区的经验，汲取其他地区失败的教训，取人之长，为我所用。要前后结合，善于用历史眼光看问题，把过去、现在和未来三个时空关系有机结合起来，注重引入一些新理念、新方法、新思路，实现历史、现实和未来的良性互动。

落实是最好的结合。 为政之要，重在实干；实干之要，重在落实。抓落实、求实效，是我们党治国理政一以贯之的理念与行动，也是衡量领导干部忠诚履职尽责的重要标尺。领导干部抓落实不仅是一项重要职责，更是政治水平、工作作风和综合素质能力的集中体现。**找准工作切入点。**要全面对标党中央决策部署和党的二十大报告的精神实质和核心要义，科学把握工作在大局中的定位，吃透“上情”、把握“下情”，找准工作的切入点，抓住关键、突出重点，系统谋划，列出任务书、时间表、路线图，切实提高谋划工作、制定政策、推进落实的质量。**找准工作着力点。**要把雷厉风行和久久为功有机结合起来，着力在落细、落小、落实上下功夫，严肃认真、用心工作，一抓到底，务求实效；要跟踪评估、及时完善，各项工作都要做到有部署、有检查、有反馈、有评估、有考核，在调整中优化、在修正中完善。**找准工作推动点。**要把督查作为推动工作落实的重要手段，以问责倒逼责任落实；深入基层、联系基层、服务基层，坚决防止和克服“机关化”倾向，精简会议文件，改进会风文风，力戒官僚主义、形式主义。

二、时时处处必须过好政治关廉洁关

习近平总书记指出：“要落实好干部标准，严把政治关、品行关、作风关、廉洁关。”特别要把政治关和廉洁关摆在最为突出的位置，看干部是否严格遵守政治纪律和组织纪律，带动廉洁纪律、群众纪律、工作纪律、生活纪律严起来，对政治和廉洁方面有问题的，坚决实行“一票否决”。之所以把政治关、廉洁关摆在这么重要的位置，其原因就在于政治问题是根本性的问题，讲政治是马克思主义政党的根本要求，是我们党培养自我革命勇气、增强自我净化能力、提高排毒杀菌政治免疫力的根本途径，是对领导干部第一位的要求。而廉洁问题的根子在政治上，廉洁问题也是政治问题。正如列宁指出的那样，“只要有贪污受贿的可能，就谈不上政治”。历史和现实一再证明，什么时候全党讲政治、党内政治生活健康，我们党就风清气正；反之就弊病丛生、人心涣散、斗志丧失。一段时期以来，一些领导干部由于政治意识淡漠，政治敏锐性和政治鉴别力不高，经不起物质利益的种种诱惑，把政治操守、政治纪律抛在脑后，甚至成了权力、金钱和美色的俘虏。因此，各级领导干部必须时刻保持清醒头脑，坚定坚决，严于律己，自觉过好政治关、廉洁关。

（一）过得了关才有可能去做好干部

领导干部为官从政，手里掌握着公权力、“印把子”，负责或分管着某一方面的重要事务、重要工作，看似是在“当关”“把关”，其实完全不然，权力就是责任、岗位就是担当，领导干部履职尽责的过程，就是一路“过关”的过程，要过形形色色的、看得见或看不见的、意识到的或没有意识到的“关”。如果错把当官看作享受，总想着平安无事、享受待遇，追求“一杯茶一根烟，一张报纸看一天”，或是喜欢热闹、享受追捧，整天游走于各种酒场饭局，那是根本无法过关的，也不可能得到组织和群众的认可。

天上不会掉“馅饼”，地上处处有陷阱。从某种程度来说，当官也是一种高风险行业，面对着许多的“围猎”“捧杀”，拍马逢迎的有之、请客送礼的有之、钱财贿赂的有之、美色引诱的有之，稍有不慎，就会掉入别人精心设置的陷阱。从违纪违法案件通报来看，不少有才能、有抱负、有政绩，前程似锦的领导干部在这些“陷阱”面前折戟沉沙、人仰马翻，落得个身败名裂的结局。**馅饼是钓饵，贪者上钩。**“非分之福，无故之获，非造物之钓饵，即人世之机阱。”对贪权、贪名、贪利、贪色者来说，无故得到的意外之“喜”，要么是上天故意诱惑你的钓饵，要么是别人用来诈骗你的陷阱。世界上从来都没有无缘无故的爱，若只盯着天上的馅饼，而忽略了脚下的陷阱，就有可能被从天而降的“馅饼”砸入“陷阱”。**侥幸是不幸的开始。**一时的侥幸可能会造成一世的不幸。面对形形色色的诱惑关卡，一旦被贪欲所侵蚀、被情欲所左右、被权欲所控制，便会落入圈套、自毁前程。只有摒除私心杂念，心有敬畏、行有戒尺，慎独慎微、慎德慎法、慎友慎趣，筑牢思想防线，守住做人底线，不踩法纪红线，守好为官做人的本分，才能以清醒和定力防范“围猎”“捧杀”，做到既干成事又不出事。**自己不打倒自己，谁也打不倒你。**习近平总书记指出：“一个人能否廉洁自律，最大的诱惑是自己，最难战胜的敌人也是自己。”领导干部手握公权，稍有不慎，就有可能误入歧途、被“拖下水”。新时代党员干部必须筑牢思想防线，杜绝侥幸心理，凡事多从自身找原因，勇于革除自身“病症”，从小事小节、“小意思”严起，慎独慎微慎初，做到有权不任性，律己不放松。

缺乏自制力的人百事无成。在诱惑和干扰面前，一个人是选择约束自己，依法依规办事，还是选择随心所欲，由着自己高兴，关键要看其有没有强大的自制力。自制力强的人，往往高度自律，知行知止，始终把自己的言行约束在法律规矩之内；而自制力弱的人，要么被外界诱惑所干扰，要么被内在欲望所吞噬，放纵自我、任性而为，结果必然什么也干不成。**缺乏自制力的人，成功只会是奢望。**德国哲学家黑格尔曾说：“一个志在有大成就的人，他必须，如歌德所说，知道限制自己。”纵观历史，因个人自制力不同，或成或败的例子不胜枚举。三国时期，关羽、张飞二人虽然勇猛无敌，但却因无法克制自己的性情，一个死在了“骄”字上、一个死在了“躁”字上。美国政治家富兰克林善于控制自己的情绪，包容谩骂自己的议员，最终化敌为友、团结干事，让众人钦佩不已。一个人只有学会控制自己，才能干成想干的事，掌握好自己的命运。**控制住自己，才能成为自己的主人。**

领导干部面对的外界诱惑、风险挑战、事务干扰等，比普通人要多得多，如果没有强大的自制力，不仅干不好工作，甚至还会因为过不了欲望和诱惑的关卡，毁掉自己。领导干部增强自制力，就必须始终坚守自己当初选择的政治理想，始终慎独慎初慎微，排除一切内在的和外在的干扰，集中精力抓好各项决策落实，做到干一行、钻一行、成一行。**越自律就越能自制。**自制源于自律。领导干部为官从政最大的成就就是保持清正廉洁，为党和人民干出一番事业，而要做到这点，就要从自律做起，严守道德的高线、纪律的红线、法律的底线，时刻管住自己的欲望、不胡思乱想，管住自己的权力、不任性妄为，管住自己的行为、不胡作非为，始终永葆共产党人的先进本色。

（二）政治是首关，首关不过，余关莫论

政治上的动摇是最危险的动摇，政治上的失守是最致命的失守，政治上的溃败是最全面的溃败。毛泽东同志曾深刻指出："政治总是头，政治总是率领军事、率领经济、率领业务、率领技术的。"邓小平同志曾说："到什么时候都得讲政治。"习近平总书记反复强调，"政治问题，任何时候都是根本性的大问题"。历史反复证明，什么时候全党讲政治，党内就风清气正、团结统一，充满生机活力，党的事业就蓬勃发展；反之，就弊病丛生、人心涣散、丧失斗志，党的事业也就会因之受损。新时代新阶段，面对错综复杂的国际形势和艰巨繁重的改革发展稳定任务，领导干部作为推动全党事业的中坚力量，只有旗帜鲜明讲政治，不断增强"四个意识"、坚定"四个自信"、做到"两个维护"，自觉用习近平新时代中国特色社会主义思想武装头脑、指导实践、推动工作，才能始终站稳立场、把握方向，经受住考验，从容应

对各种风险和挑战，确保我们党意志统一、同心同德，团结一心、步调一致，把党和人民事业不断推向前进。

政治不过硬，肯定不可靠。 习近平总书记指出，“我们党对干部的要求，首先是政治上的要求。选拔任用干部，首先要看干部政治上清醒不清醒、坚定不坚定”。政治不过硬的干部，必然会“东倒西歪”、必然靠不住。领导干部只有把“政治过硬”作为对自己第一位的、最根本的要求，才能立得住、站得稳、走得远。**没有正确的政治观点，就等于没有灵魂。**政治上的主动是最有利的主动，政治上的被动是最危险的被动。习近平总书记指出：“作为党的干部，不论在什么地方、在哪个岗位上工作，都要增强党性立场和政治意识，经得起风浪考验。”领导干部讲政治是党的政治建设的基础，也是作为党员资格的底线。如果底线突破了，那么就会蜕变，就会堕落。只有自觉增强政治意识，才能坚定正确的政治方向，自觉为党的事业和人民幸福奋斗终身。**天下至德，莫大于忠。**习近平总书记指出，“我们党历来强调德才兼备，并强调以德为先”；我们今天讲的“德”，第一位的是政治品德；如果理想信念不坚定，政治上不合格，经不起风浪，这样的干部能耐再大也不是我们党需要的好干部。领导干部讲政治品德，最根本的就是要对党忠诚、永不叛党，这既是党章对领导干部的基本要求，也是每个领导干部的为政之魂。对党忠诚是唯一的、彻底的、无条件的，不掺任何杂质、没有任何水分的。三心二意、心思不纯的人，能力越强、职位越高，对党的危害就越大。**政治不合格，能耐再大不能用。**习近平总书记强调：“政治标准是硬杠杠。这一条不过关，其他都不过关。”领导干部不仅要自身政治过硬，还要把政治关作为选人用人的第一关，旗帜鲜明地坚持政治标准、贯彻政治要求，加强政治素质考察，对政治上不过硬、不达标、不过关的干部实行“一票否决”、已在领导岗位的坚决调整下来，坚决把“两面人”“两面派”挡在门外。

政治能力是第一位的能力。 领导干部讲政治，不仅要有鲜明的政治立场、政治态度，更要有过硬的政治能力。政治能力是领导干部各种能力中的元能力，对其他能力的性质和方向具有决定性影响，可以衍生、拓展、增强其他能力，是领导干部各种能力中管总的、管根本的能力。政治能力不强，其他方面的能力再强，也没有什么用。当然，政治能力不是与生俱来的，也不是一成不变的，领导干部一步步走来，就是加强政治历练、不断强化提升政治能力的过程。**增强果敢的政治判断力。**“风起于青萍之末，浪成于微澜之间。”面对各种风险挑战，领导干部如果缺乏政治敏锐性和政治鉴别力，做不到“草摇叶响知鹿过，松风一起知虎来”，就有可能辨不明方向、分不清是非，贻误战机、陷入被动。领导干部要培养见微知著的能力，在重大问题和关键环节上头脑要特别清醒、眼睛要特别明亮，善于从一般事务中发现政治问题，善于从倾向性、苗头性问题中发现政治端倪，善于从错综复杂的矛盾关系中把握政治逻辑。**强化敏锐的政治领悟力。**政治领悟力，不仅决定领导干部看问题、想事情的高度和深度，更影响着领导干部的境界格局。只有对“国之大者”了然于胸，对习近平新时代中国特色社会主义思想和中央指示精神学深悟透，才能结合自己的职责定位抓好贯彻落实。因此，领导干部要不断进行领悟，把握好习近平新时代中国特色社会主义思想的世界观和方法论，坚持好、运用好贯穿其中的立场观点方法，善于从政治上领会党中央重大决策部署和习近平总书记关于本地区本部门的重要指示批示精神，善于坚定站稳人民至上的政治立场，始终做到领会不偏差、落实不走样。**提高坚定的政治执行力。**“道虽迩，不行不至。”知道了、领悟了，更重要的是去落实。领导干部提高政治执行力，就是要善于从政治上落实党中央的重大决策部署，既全面准确、不折不扣，又不能机械死板、照搬照抄，而是要把贯彻落实党中央精神与本地区本单位实际紧密结合，创造性开展工作，知责于心、担责于身、履责于行，敢于直面问题，不回避矛盾，不掩盖问题，真正干实事、谋实招、求实效，确保党中央决策部署精准落地落实。

一以贯之把政治纪律和政治规矩挺在前面。 政治纪律和政治规矩是全党在政治方向、政治立场、政治言论、政治行动方面必须遵守的刚性约束，是党最根本、最重要、最关键的纪律。领导干部是不是真讲政治、讲真政治，关键看其是不是能严守政治纪律和政治规矩。抓住了这个纲，就能纲举而目张，带动组织纪律、廉洁纪律、群众纪律、工作纪律、生活纪律严起来。守不住党的政治纪律和政治规矩，必然无法守住其他纪律规矩，最终滑向违法犯罪的深渊。**政治纪律和政治规矩是共产党人的“生命线”。**习近平总书记强调：“现代政党都是有政治纪律要求的，没有政治上的规矩不能成其为政党。”一个政党，如果没有严明的政治纪律和政治规矩，党员队伍就会各行其是、一盘散沙，最终导致政党分崩离析。我们党作为马克思主义政党，讲政治是突出的特点和优势。严明政治纪律、严守政治规矩，是我们党不断取得胜利，实现从小到大、由弱到强的重要法宝和优良传统。共产党人讲政治，就必须严格遵守党的政治纪律和政治规矩，不折不扣地执行。**政治纪律和政治规矩是第一位的“言行线”。**习近平总书记强调：“任何人不得越过政治纪律、政治规矩的红线，越过了就是大忌，就要付出代价。”领导干部只有始终把政治纪律和政治规矩挺在前面，才能在任何情况下都做到政治信仰不变、政治立场不移、政治方向不偏。要牢固树立党章意识，做学习党章、遵守党章、贯彻党章、维护党章的模范，自觉用党章规范自己的一言一行；要严守党的纪律，把党的纪律刻印在心头，坚持纪严于法、纪在法前，绝不越雷池一步；要模范遵守国家法律，带头尊法学法守法用法，养成办事依法、遇事找法、解决问题用法、化解矛盾靠法的自觉；要严格遵循党在长期实践中形成的优良传统和工作惯例，强化自我约束，任何时候不放纵、不越轨、不逾矩。

（三）廉洁是资格，资格不够，一票否决

“廉者，政之本也。”清正廉洁是共产党人代代相传的红色基因，是我们党战无不胜、攻无不克的制胜法宝。从我们党诞生之日起，清正廉洁作为共产党人的鲜明底色，就写在了自己的旗帜上，就始终与党的初心和使命紧密联系在一起，使我们党在人民心中树立起崇高形象，赢得人民信赖、爱戴和拥护，从而赢得了中国革命、建设和改革一个又一个胜利。习近平总书记强调：“一个人廉洁自律不过关，做人就没有骨气。要牢记清廉是福、贪欲是祸的道理，树立正确的权力观、地位观、利益观，任何时候都稳得住心神、管得住行为、守得住清白。”清正廉洁是为官从政的底线，从某种意义讲，廉洁是“1”，其他是“0”，没有这个“1”，后面再多的“0”也是枉然。新时代领导干部必须增强廉洁自律意识，切实提高拒腐防变能力，堂堂正正做人，清清白白为官，做到无愧于心、无愧于党、无愧于人民，才能真正实现人生价值、走好从政之路。

廉洁受人敬，贪赃法不容。 廉洁是一种正义和威慑的力量，从政为官必须蓄积这股力量。纵观历朝历代，凡是能为百姓所怀念铭记的为官者，除了务实为民、处事公道外，至关重要的一条就是清廉。明代廉吏况钟，廉洁奉公，在任时身居简室，未铺设奢华之物，三餐佐饭仅一荤一素，苏州人民称他“况青天”。清朝一代廉吏于成龙，为官20余年政绩卓著，去世时只有“绨袍一袭、靴带二事，瓦瓮中粗米数斛、盐豉数器而已”，别无余财，百姓为之痛哭流涕。相反，北宋的蔡京、明代的严嵩、清朝的和珅等贪官，因大肆贪婪、伤天害理，被世人所唾骂而遗臭万年。党的十八大以来，随着我们党深入开展全面从严治党，党中央铁腕“打虎”“拍蝇”“猎狐”，一大批贪腐干部受到了党纪国法的制裁。**名节重于泰山，利欲轻于鸿毛。** 廉洁问题关乎名节问题。大公无私、恪守清廉，方能挺得起腰杆、讲得起硬话，方能明察秋毫、不怒自威。领导干部要像“珍惜生命一样珍惜名节和操守”，珍惜来之不易的为党和人民奉献的机会，绷紧廉洁从政这根弦，不断加强品行修养，重视小节、私德，以严格的党性要求自己，以肩负的责任鞭策自己，始终追求高尚的道德品质和人生情操，始终保持共产党人的蓬勃朝气、昂扬锐气、浩然正气，不为不良风气所侵，不被腐利短见所误。**不廉者无以言忠。** 个人干净是领导干部最基本的为政之道和操守底线，是保持先进性、纯洁性的客观要求，是抵御一切诱惑风险的决定性因素。硬气来自底气，无私方能无畏。“脚手不干净”的领导干部没底气、不硬气，整天担惊受怕，也必然不敢斗争。这样的人对党和人民也谈不上半点的忠诚。领导干部向党和人民表示忠心，最基本的就是严格自律，坚决守住廉洁底线，做一个干干净净、一尘不染的人。**不廉者无以言孝。** 孝道符合中华民族的人性伦理和自然法则，最能体现一个人的品质和修养。领导干部如果沦落为腐败分子，受到党纪国法惩戒，身陷囹圄，不仅尽不了对儿女的责任，还对长辈造成无限的精神摧残。最大的孝顺是廉洁，最大的不孝是贪腐。领导干部要尽孝，就必须坚持廉以养身、廉以从政，以自身“平安”持久尽孝，以廉洁干成大事业尽“大孝”。

时常修剪欲望的“枝丫”。习近平总书记指出：“不要把当官作为一个满足无穷贪欲、获得无限私利的捷径，那样迟早要完蛋。”领导干部在清正廉洁上，不仅要身“硬”，更要心“硬”，始终做到“自身正、自身净、自身硬”，如果贪欲膨胀，放纵欲望，盲目攀比，不仅会为人所不齿，也容易迷失自我，给自己的从政道路设置羁绊、埋下安全隐患。**廉者乐于无求，贪者忧于不足。**祸莫大于不知足。在现实社会中，不少铤而走险、落得身败名裂的人，正是欲壑难填、贪得无厌而走上犯罪道路的。知足常乐是一种懂得自我节制的良好心态。要以此为戒，吸取教训，不妄想、不贪求，也不去与他人比高下，常给自己浇“冷静水”、灌“清醒剂”，以宽容坦荡的胸怀去对待生活，时刻保持清醒的头脑，绝不让欲望的枝丫随意蔓延滋长。**俭是廉之根，廉是俭之果。**崇尚俭朴生活的人，在物质生活上一般不会有奢靡的要求，就比较容易抵御外界的诱惑。试看古今清正廉洁为官者，哪一个不是俭朴生活的。反之，那些生活奢侈的人，又怎么可能廉洁自守，特别是那些落马贪官，有几个是因为日子穷困得过不下去才贪腐的。他们其中不少就是因为贪图享乐、穷奢极欲，在花花世界面前经受不住诱惑、站不稳脚跟，一头栽进奢靡腐化的深渊无法自拔，直到身败名裂，即使悟出了“无欲则刚”“平淡是真”的道理，也悔之晚矣！要算清政治账、经济账、幸福账、荣誉账，不羡浮华、不慕虚荣，筑牢俭朴这道防腐的第一道堤坝，以清廉作“护身符”、以清正为“座右铭”，为官之路才会平平安安、稳稳当当。

廉以修身，廉以持家。 习近平总书记强调，党员干部“要做到廉以修身、廉以持家，培育良好家风”。面对形形色色的诱惑和考验，党员干部必须坚持内外兼修、齐家治政，始终把家风建设摆在重要位置，廉洁修身、廉洁持家，在严格自我管理的同时，严格教育管理家人，真正安好家庭成长摇篮、守好家庭廉洁堤防、建好幸福美满家庭。**当官就不要想发财，想发财就不要当官。**做人需有品德，为官从政需有政德。修养政德关键要严以修身、廉洁自律、清廉为官。党员干部手中的权力只能用来为党分忧、为国干事、为民谋利，决不能异化为牟取私利的工具。要常修为政之德，明大德、守公德、严私德，以“国计已推肝胆许，家财不为子孙谋”的高风亮节厘清亲情与权力的边界，从内心深处筑牢拒腐防变的精神堤坝，怀律己之心，常除非分之想，真正用好人民赋予的权力，做到手握公权洁身自好、大公无私、公而忘私，切实让公权得之于民、用之于民、服务于民。**以家风涵养官德，以官德淳化家风。**“妻廉夫祸少，子贤父心安。”良好家风是社会主义核心价值观在现实生活中的直观体现，是新时代领导干部永葆初心的现实需要。习近平总书记指出：“领导干部的家风，不是个人小事、家庭私事，而是领导干部作风的重要表现。”领导干部要严于律己、从严治家，过好家庭关、亲情关，看好家门、管好家人、理好家事，带动党风向好、民心向善。要带头立家规、传家训、树家风，用自身的言传身教和积极向上的家庭文化去熏陶、感化家庭成员，做家庭美德和家庭文明的践行者、示范者。要勤于持家，俭以养德，自觉远离奢侈欲的诱惑，严防“枕边风”成为贪腐的导火索，做到“门无杂宾”，防止“后院起火”。**一人不廉，全家不圆。**家风淳正，雨润万物；家风一破，污秽尽来。现实中，仍有一些党员干部自身不正、治家不严，对家人放任纵容，默许亲属子女敛财纳贿，把家庭变成了“权钱交易所”，最终发生家族式腐败。领导干部要正确对待亲情，做到关爱不溺爱、善待不纵容，教育督促亲属子女和身边工作人员走正道。

（四）树立正确权力观，自觉过好权力关。

权力观揭示权力本质。习近平总书记指出，要以正确的权力观用权，把人民群众满意作为行使权力的根本标准，常怀敬畏之心、戒惧之意，自觉接受监督。中国共产党没有自己特殊的利益，全心全意为人民服务是党的宗旨，但作为领导干部，不是苦行僧，该保障的待遇组织会充分考虑，除此之外，没有特殊的待遇，唯有努力为党工作、为民服务方是正确的追求。领导干部能否用好权力，关键就在于权力观是否正确。只有牢固树立正确权力观和事业观，才能自觉做到知责、履责、尽责。

权力就是责任，有权不可任性。岗位和权力是用来干事业的，而不是用来谋官求显、“当老爷”的。习近平总书记指出，每一个领导干部都要拎着“乌纱帽”为民干事，而不能捂着“乌纱帽”为己做“官”。但当前一些领导干部官本位思想严重，有的热衷于规划升迁路线图，把岗位当升官跳板，把权力当谋利工具，一门心思想做官、做大官，不干事，即使做点事情也是为了给自己“涂脂抹粉”，最终目的还是做更大的官；有的认为当官就是“当老爷”，对群众高高在上，对下属颐指气使，处处唯我独尊，天天呼来喝去，竭力鼓吹“官大一级压死人”。凡此种种，都源于权力观、价值观、利益观的扭曲，只崇尚“万般皆下品，惟有做官高”，却忘记了共产党人的初心和使命。**要立志做大事，不要立志做大官。**做事还是做官，表现出不同的人生境界和价值追求，做事的人，把心放在事上，以能做事、会做事、做好事为追求，敢于负责、无私无畏；“做官”者想的是功名利禄，图的是“官途光明”，甚至不惜为此耍手段、搞阴谋、讨巧卖乖。不论官位大小、岗位高低，领导干部都要把党和人民的事业放在第一位，从岗位职责要求的每项工作做起，从关涉人民群众切身利益的点滴小事做起，主动到基层一线干事创业，在为民服务中历练淬火，在应对复杂情况的过程中摔打磨砺，无论在什么工作岗位上都要干出不平凡的工作业绩。**权力是利剑，用权莫随性。**习近平总书记指出，领导干部“正确行使权力，掌权为公、用权为民，则群众喜、个人荣、事业兴；错误行使权力，甚至滥用权力，掌权为己、用权于私，则群众怨、声名败、事业损”。现实中，有的干部走上领导岗位，奉行“有权不用，过期作废”，一朝权在手，便把钱来赚；有的觉得“我有权，我说了算”，说话办事专横跋扈、盛气凌人；有的觉得“有权就是敢拍板”，什么板都敢拍，盲干胡干乱干；有的自认为“有了权，谁也奈何我不得”，想干就干，不想干就不干，当一天和尚撞一天钟；等等。这些有权任性、肆意妄为的现象，背离了党对领导干部的要求，不仅害人害己，而且搞一次任性就失去一片人心，给党带来的危害难以估量。领导干部一定要时刻牢记有权莫任性，用权须谨慎。

权力姓公不姓私，公权不可私用。公权为民，一丝一毫都不能私用。习近平总书记强调，“我们的权力是党和人民赋予的，是为党和人民做事用的，姓公不姓私，只能用来为党分忧、为国干事、为民谋利”“什么权能用，什么权不能用，什么是公权，什么是私权，要分开，不能公权私用”。领导干部手握国家公权、关乎民生休戚，必须让手中的权力永葆“公器”本质。**“官”是为民服务的岗位，“权”是替民办事的工具。**新中国成立前夕，黄炎培以“不为官吏”的立身准则婉拒出任政府公职的邀请，周恩来总理对他说“现在是人民的政府，不是做官，是做事，是为人民服务”。黄炎培听后才欣然答允。周总理用一句话，诠释了共产党人为官用权的真谛。与过去相比，现在领导干部的工作条件要好得多，权力也大得多，个人待遇也有很大提高。但权力不是一种荣耀，而是一副担子，意味着领导责任。只有牢记“权重不忘责任大，位高不移公仆心”，把手中的权力当作为民干事、为民服务的有利条件，当作施展自己才干的“翅膀”，扑下身子，一门心思干事创业，扎扎实实为民做好事、办实事，才能赢得群众的拥护，得到组织的信任。**权力有大小，都须依法用。**敬畏权力才能用好权力。要牢固树立正确权力观，公正用权、依法用权、为民用权、廉洁用权，自觉做到“公器”绝不私用，主动摒弃个人意志至上和人治思维，自觉恪守权力边界，坚决杜绝肆意妄为。要坚持“法定职权必须为、法无授权不可为”，谨记权本法授、权依法使，牢记宪法红线不可触、宪法底线不可越，不去行使依法不该由自己行使的权力，也不要去干预依法自己不能干预的事情。要自觉把权力关进制度的笼子，坚决遵守国家法律和党纪政纪两条底线，凡事按制度办、按要求办、按原则办，加强请示汇报，绝不突破制度分毫，让手中的权力在制度约束下、在阳光下行使。

三、本领高强才能成就事业

习近平总书记指出，很多同志有做好工作的真诚愿望，也有干劲，但由于缺乏本领，结果是虽然做了工作，有时候也很辛苦，但不是不对路子，就是事与愿违，甚至搞出一些南辕北辙的事情来。这种“缺乏本领”就是能力不足的表现，能力不足就难以干好事、干成事。新时代新征程，团结带领全国各族人民全面建成社会主义现代化强国、实现第二个百年奋斗目标，以中国式现代化全面推进中华民族伟大复兴，是一项伟大而艰巨的事业，前途光明，任重道远，需要解决的问题会越来越多样、越来越复杂，有可能会经受风高浪急甚至惊涛骇浪的重大考验，领导干部本领适应的一面正在下降，不适应的一面正在上升，提高解决实际问题的能力是应对当前复杂形势、完成艰巨任务的迫切需要，领导干部唯有具备“硬能力”和“真本领”才能不负重托，展现担当作为新气象。

（一）没有金刚钻，揽不了瓷器活

打铁必须自身硬。做好领导工作，只凭经验、光靠热情，是远远不够的，还必须有过硬的专业知识、专业能力、专业作风、专业精神作支撑。党的十八大以来，习近平总书记把领导干部能力建设提升到全局高度，将其作为治国理政的关键要素，先后提出了要增强学习本领、政治领导本领、改革创新本领、科学发展本领、依法执政本领、群众工作本领、狠抓落实本领、驾驭风险本领这“八项本领”和提高政治能力、调查研究能力、科学决策能力、改革攻坚能力、应急处突能力、群众工作能力、抓落实能力这“七种能力”的具体要求。这些要求既是对青年干部提出的，也对各级领导干部增强能力本领具有很强的指导性、针对性、实践性。理当一体领会、深入了解其蕴含的深刻内涵和内在逻辑，深学细悟、扎实历练，全面提高各方面能力本领，使自己的能力本领与所承担的工作职责相匹配、与岗位的需求相适应。

绳短不能汲深井，浅水难以负大舟。习近平总书记指出，只有全党本领不断增强，“两个一百年”奋斗目标才能实现，中华民族伟大复兴的中国梦才能梦想成真。面对各种复杂局面和繁重任务，本领不够、本领恐慌、本领落后在我们的一些干部身上有所表现，由此带来的不会为、不敢为、乱作为的情况时有发生，严重损害了党的形象和事业发展。领导干部只有具备高强本领，工作才能驾轻就熟、游刃有余、出新出彩，否则即使机会摆在面前，也抓不住。**工欲善其事，必先利其器。**工匠想把他的工作干好，就必须先把工具打磨锋利。领导干部想要干事创业，也得磨砺出过硬的能力本领。没有能力本领这把“利器”，空有一腔干事的热血，不仅干不成事，还有可能会坏事。领导干部要牢固树立不提高本领就会不适应、不提高本领就是不负责、不提高本领就是不忠诚、不提高本领就会被淘汰的观念，时刻审示自身能力水平，持续学习磨炼，把品德操守、政治能力、业务本领、服务意识等“利器”修炼好、磨炼好，在伟大事业中冲锋陷阵、攻下堡垒。**软肩膀担不起硬担子，有真本事才有真勇气。**现实中，一些干部没有担当的勇气，“怕”字当头，甘当尸位素餐的“公堂木偶”、无所事事的“政坛摆设”；有的奉行“无为”哲学，能绕就绕，能拖就拖，绕不过拖不过就应付了事；有的打“太极”，上推下卸、左推右挡，凡此种种，一个重要原因就是能力不足，没有自己的“金刚钻”。领导干部只有以强大的能力本领作为“开山斧”，才能增强“狭路相逢勇者胜”的锐气、树立“敢教日月换新天”的豪气、坚持“偏向虎山行”的正气，顶得住压力、扛得住重担、打得了硬仗、经得住磨难，攻克难关、夺取胜利。**职务越高，本事就要越大。**领导领导，既要领又要导，就是要作出示范表率，领导干部职务越高，责任就越大，要求也越高，本事也要越大，否则就难以服人。要把学习与实践贯穿领导工作全过程各方面，主动到基层去摔打、去“接地气”、去“墩墩苗”，在干事中长本事、在历练中变老练，特别是要到那些矛盾多、困难大、任务重的地方，多经历一些大事要事、急事难事，全面提高领导能力和执政水平。要勇作为，更要善作为，掌握正确方法，以“最优方程式”解决问题。

业精才能成事，博学方能多才。随着分工越来越细，社会管理也呈现出精细化、精准化的局面，过去那种一知半解，随便拍脑袋决策、简单粗糙办事的做法已经行不通。领导干部必须既当“专家”，也当“杂家”，成为复合型干部，不管在什么岗位工作都能具备基本的知识体系，在此基础上做到术业有专攻、专博相济，才能本领高强，让自己更加游刃有余。**不一则不专，不专则不能。**习近平总书记强调，要攀登到事业顶峰，要靠心无旁骛攻主业。领导工作是具体的，是一门学问，不同的行业、不同的岗位，有着不同的工作要求。做好所负责的工作都离不开相关的专业知识、专业水平作支撑。领导干部要专心专业专注，发扬“安专迷”精神，安下心来、专心致志、迷恋至深，踏踏实实、倾情投入；要提高专业化能力，既要有想问题、做决策的谋略，又要有抓工作、办事情的才干，干一行懂一行，成为本职本业的行家里手；要专一执着、安心工作、专注本职，使激情和活力、能力和潜力都能得到最大限度的展现。**让工匠精神成为党员干部的标配。**领导干部要追求“治玉石者”的精益求精，摒弃“差不多”“过得去”的思想，把工作当产品，把程序当工序，始终以高标准、高质量对待，力求把每一件事都做成精品。要培养“庖丁解牛”的专一专注，耐得住寂寞，稳得住心神，不管在什么岗位、做什么工作，都能聚精会神攻主业。要培养“绣花功夫”的精细作风，把“严细实”要求贯穿工作的全过程，用心对待每一个细节，精雕细琢，不断提高工作业绩。**做工作的“多面手”，成为复合型人才。**博学而后多识，认识的精深要以知识的广博为基础。只有掌握了更加丰富、更为全面的知识，思考问题、处理事情的思维和角度才会更开阔，视野才会更宽广。要坚持“俱收并蓄，待用无遗”，兼容并包注重点滴积累，勤于实践开阔思路眼界，让学习成果不断通过实践的检验，变成经验、变成理论，反过来指导实践，不断拓展眼界、创新思路，学以致用、用以促学、学用相长。

（二）“本领恐慌”是最大的恐慌

早在1939年，毛泽东同志就讲过：“我们队伍里边有一种恐慌，不是经济恐慌，也不是政治恐慌，而是本领恐慌。”我们党诞生于国家内忧外患、民族危难之时，一出生就铭刻着斗争的烙印，一路走来就是在斗争中求得生存、获得发展、赢得胜利。历史和实践启示我们，没有全党理论大学习，没有干部能力大提升，就没有党的事业大发展。当前，我国发展已进入各种风险挑战不断积累甚至集中爆发的时期。从世情看，世界百年未有之大变局加速演进，百年变局与世纪疫情交织叠加，逆全球化思潮抬头，单边主义、保护主义上升，世界经济复苏乏力，局部冲突和动荡频发，全球性问题加剧，世界进入新的动荡变革期；从国情看，我国发展面临战略机遇和风险挑战并存、不确定难预料因素增多的情况，各种“黑天鹅”“灰犀牛”事件随时可能发生；从党情看，党面临的“四大考验”具有长期性和复杂性，面临的“四大危险”具有尖锐性和严峻性，全面从严治党永远在路上，党的自我革命永远在路上。特别是相较于我们党的使命任务，相较于人民对美好生活的向往，相较于新时代中国特色社会主义伟大事业的要求，“本领恐慌”仍需进一步解决。领导干部必须站在政治和全局的高度，一刻不停地增强本领，以便更好胜任领导民族复兴的重任。

官升未必水平涨，权重未必本领强。领导干部的能力素质不会随着职位的提高而自然增长，倘若职务上稍有进步，就自我感觉良好，以为自己无所不能，那就会出大问题。李先念被任命为国务院副总理兼财政部部长时，他自认为“没有学过经济”，本领恐慌、压力很大。赴任后，他刻苦钻研、不耻下问，“向一切内行的人们”学习，最终成为经济领域的专家。这样的态度才是值得我们学习的。**没有生而知之，更没有“升而知之”。**“人非生而知之者，孰能无惑？惑而不从师，其为惑也，终不解矣。”任何人从呱呱坠地开始，都是一张白纸，只有经过不断的努力、磨砺、锻炼，才能有所成就。领导干部职务高权力大并不天生等同于能力高本领强，如果长时间被周围的人“唱赞歌”，吸着“精神鸦片”、受着“精神按摩”、爱着“精神贿赂”，难免头脑发昏、骄傲自满，认为职务高了，水平就自然升了，事事发指示、处处作指导，不求上进却又不懂装懂、假充内行，这种人常闹笑话是在所难免的，更可怕的是，容易胡乱决策，给事业带来损害。任何人任何时候都要不断追求上进，努力进步，决不能官升脾气涨，错把平台当本事。**一时“能”不代表永远“能”。**职务得到提升是代表过去的成绩、过去的能力水平得到组织和人民的肯定，并不代表随着职务提高，水平自然跟着上升。领导干部要时刻保持本领不够的危机感，面对工作中的各种风险、压力、挑战，不断激发内生动力，在持之以恒的知识更新和实践锻炼中不断补足知识弱项、能力短板、经验盲区，在总结反思中不断求实、求变、求优，练就一手“绝活”、几把“刷子”，从而胜任繁重的工作任务，肩负起时代重任。**人岗相宜尽其才，能力本领要与职务岗位相匹配。**人岗相宜才尽其用，是古今中外选人用人所追求的目标。能够走上领导岗位，说明自身能力过硬，也都干出了一番成绩，才能被组织选中。但实践是不断发展的，如果不注意更新知识、提高能力，就有可能看不清发展趋势，察不出蕴藏其中的机遇和挑战，贻误发展时机，给事业造成损害。职务提升了，责任加重了，更应潜心修炼，刻苦钻研本职工作，提升履职尽责的能力，争做行业的行家里手。

学习学习再学习，实践实践再实践。梦想从学习开始，事业靠实干成就。人的一生是不断学习、不断实践的过程，在不断学习实践中，练就过硬本领，成就一番事业。知青习近平初到梁家河时，带着一个大箱子，里面全是政治、文化、科技、数理化等各类书籍。他白天和大家一起下地干活，晚上回来就点一盏煤油灯看书。也正是在这一时期，他学习了大量的理论知识和实践知识，锻造了过人的本领。新时代，领导干部增强推动高质量发展本领、服务群众本领、防范化解风险本领，也必须把学习和实践作为重要任务，坚持在学中干、在干中学，努力做到堪当重任。**学习力是核心竞争力。**刀不磨会生锈，人不学会落后。当今时代，知识爆炸、信息核变，如果我们不提高自身的学习能力，就会老办法不管用、新办法不会用，毫无竞争力。有人说，在农耕时代，一个人读几年书，就可以用一辈子；在工业经济时代，一个人读十几年书，才够用一辈子；到了知识经济时代，一个人必须学习一辈子，才能跟上时代前进的脚步。只有把学习当作一种神圣职责、一种精神境界、一种终身追求，才能真正做到干在实处、走在前列。要深入学习贯彻习近平新时代中国特色社会主义思想，把握其世界观和方法论，坚持好、运用好贯穿其中的立场观点方法，做到知其言更知其义、知其然更知其所以然，自觉把其转化为坚定理想、锤炼党性和指导实践、推动工作的强大力量。要拓宽知识结构，博闻强记，广泛涉猎政治、经济、社会治理、生态保护、金融、规划等方面的知识，不断把工作中积累的感性认识转化为理性认识，进而更好地应对各种新问题新情况新矛盾。**实践是最好的磨刀石。**想到和达到中间，还隔着做到。领导干部不能做思想的巨人、行动的矮子，而应该将思考创新与社会实践紧密结合起来，在打好知识根基的前提下，坚持理论联系实际，积极主动地投身到实践中，善于用思考的结晶来指导自己的工作，用创新的成果来推动自己的工作，增强工作的原则性、系统性、预见性和创造性，在解决实际问题的过程中增长才干，特别是要按照习近平总书记强调的那样，加强实践锻炼、专业训练，不断增强推动高质量发展本领、服务群众本领、防范化解风险本领，以过硬的能力素质，使自己在工作中少走弯路，减少工作成本，提高工作效能。

（三）练就领导现代化建设的硬本领

现代化建设是一个系统性工程，需要领导干部具备坚持正确现代化建设道路的能力、推进中国特色社会主义各项事业的能力、抓落实的能力等多种能力。但就当前和现阶段来说，也有一些迫切需要领导干部掌握和增强的能力素质，那就是“推动高质量发展本领、服务群众本领、防范化解风险本领”，这是习近平总书记立足当前国情实际和发展需要提出来的，是领导干部必须掌握的本领中最重要的，也是抓紧提升最紧迫的任务。

提高推动高质量发展本领。 党的二十大报告指出，“高质量发展是全面建设社会主义现代化国家的首要任务”。进入新时代新征程，党和国家事业中发展不平衡不充分问题仍然突出，推进高质量发展还有许多卡点瓶颈，科技创新能力还不强。习近平总书记强调，“实现第二个百年奋斗目标，我们要坚持党的基本路线，坚持以经济建设为中心，但在新形势下发展不能穿新鞋走老路，必须完整、准确、全面贯彻新发展理念，加快构建新发展格局，推动高质量发展”。面对新形势新任务，我们面临的发展环境、条件、任务、要求等都发生了新变化，认识时代、适应时代、引领时代，保持各项工作稳中求进，实现经济社会高质量发展，必须有新理念新思路新举措，这就要求领导干部必须具备推动高质量发展的过硬本领。**用思想破冰，推进理念更新。**经济发展方式转变，前提是人的思想观念和发展理念转变。领导干部要深刻认识走高质量发展之路的重大时代意义、现实意义、实践意义，带头解放思想，树牢新发展理念，推动思维方式、思想观念的彻底更新，坚定不移贯彻新发展理念，用新发展理念引领经济社会发展。**以服务创新，促进大众创新。**高质量发展是创新驱动的发展，通过创新催生新业态、打造新产业、提供新动力。领导干部既要具备创新意识和创新精神，更要服务好社会创新，带头改变传统管理理念，当好创新主体的后勤部长，破除制约创新的体制机制障碍，让全社会的创新活力迸发。**用系统观念，规划事业长远。**高质量发展是可持续的发展。领导干部要坚持联系地、发展地、一分为二地看问题，学会提升一两个层次抓发展，跳出本地看本地，不断拓宽思路和视野，处理好稳和进、立和破、虚和实、标和本、近和远的关系，对工作看得更远一些、想得更深一些，把注意力集中到解决发展的不平衡不充分问题上来，真正推动事业长远高质量发展。

增强服务群众本领。党的二十大报告强调，“我们要实现好、维护好、发展好最广大人民根本利益，紧紧抓住人民最关心最直接最现实的利益问题，坚持尽力而为、量力而行，深入群众、深入基层，采取更多惠民生、暖民心举措，着力解决好人民群众急难愁盼问题”。做好群众工作，是我们党的宝贵经验和优良传统，也是领导干部践行全心全意为人民服务宗旨的一项基本功。习近平总书记强调，领导干部要得到群众的信任，决不仅仅靠权力，更主要的是靠人格魅力和工作能力，靠做群众工作的方法和本领。领导干部必须全面了解和准确把握增强群众组织力的规律和特点，掌握正确的方法，充分宣传教育群众、组织发动群众，确保我们党永葆旺盛生命力和强大战斗力。**准确掌握组织群众的规律。**规律是事物的本质属性，组织群众概莫能外。领导干部要善于带动服务群众，加强自治组织建设，注重发挥群众团体和社会组织力量；要善于宣传教育群众，充分利用和扩展各类基层阵地和文化设施，开展形式多样的宣传教育活动，激发群众爱国爱党热情。**切实改进组织群众的方式。**感人心者莫外乎情。领导干部要积极融入群众，经常到群众家看一看、坐一坐、谈一谈，用情感人、用情动人，真正获得群众的认可、接受和亲近；善于理解群众，站在群众的角度出主意、想办法、做决策，以群众的利益为出发点，倾听群众心声、了解群众意愿、稳定群众思想；真心善待群众，不把群众当“外人”，充分尊重群众的人格尊严，办事上公平公正，待人上平起平坐，态度上平易近人。**不断完善群众利益表达机制。**利益表达是人民群众享有的最基本民主权利。领导干部要注重建立公平、开放的群众利益表达机制，为不同群体提供公平表达利益的平台，引导理性合法的表达利益诉求，使群众的意愿、要求、呼声能够顺畅地表达出来。同时，要完善群众利益诉求表达法律保障，明确利益表达的主体、范围、程序、方式，简化法律诉求的过程和程序，发展弱势群体的法律援助体系，使群众能够依法行使自己的利益诉求表达权。

练就防范化解风险本领。“备豫不虞，为国常道。”我们历来重视强化忧患意识，善于防范风险挑战。邓小平同志曾强调：“我们要把工作的基点放在出现较大的风险上，准备好对策。这样，即使出现了大的风险，天也不会塌下来。”习近平总书记指出，“当前，世界百年未有之大变局加速演进，世界之变、时代之变、历史之变的特征更加明显。我国发展面临新的战略机遇、新的战略任务、新的战略阶段、新的战略要求、新的战略环境，需要应对的风险和挑战、需要解决的矛盾和问题比以往更加错综复杂”。驾驭风险才能赢得机会、赢得主动、赢得未来。既然当了干部，就应该义不容辞地承担使命和挑战，越在危难时刻，越要敢于担当，越要有强烈的责任意识和使命意识。应该做的事，顶着压力也要干；应该负的责，冒着风险也要担，始终勇于战胜前进道路上的任何艰难风险。**比认识更重要的是决心，比方法更重要的是担当。**在风险挑战面前，领导干部要敢“认真”，做每件事都从大处着眼，从小处着手，既要统筹谋划，通盘考虑，周全计划，又注重细节，谨小慎微，做细做实，面对矛盾和问题，不绕过，不躲闪，敢于较真碰硬，把使命责任扛在肩上。要敢“认领”，认清职责定位，既要到位又不越位，职责范围内的事不推诿、敢担当，不等不靠，积极主动，未雨绸缪，增强工作的主动性、积极性、预见性、前瞻性，恪尽职守，尽心尽力干到最好。要敢“认账”，言而有信、履行承诺，言必行、行必果，敢于紧盯重点难点，敢于一抓到底，以正确的姿态，把权力、问题一道交接、一起认领，做出经得起实践、群众和历史检验的政绩。**学会运用辩证思维，掌握复杂局面主动权。**习近平总书记指出，要学习掌握唯物辩证法的根本方法，不断增强辩证思维能力，提高驾驭复杂局面、处理复杂问题的本领。领导干部面临的风险不断增加，面临的局面愈加复杂，必须掌握辩证思维方法，承认矛盾、分析矛盾、解决矛盾，善于抓住关键、找准重点、洞察风险的发展规律，使决策部署、工作措施、工作实效在复杂局面中占据有利地位，拥有主导的权利。要坚持“两点论”，一分为二地观察问题、分析问题、解决问题，既要看到有利的一面，也要看到不利的一面，善于在抓住发展机遇中防范风险，善于在复杂局面中寻找发展的机遇。要坚持“重点论”，在掌握复杂局面中抓重点带一般，处理好主要矛盾和次要矛盾、重点与一般的关系，既狠抓重点，又兼顾均衡，实现抓重点、带全局，化解矛盾、推进工作。要坚持“转化论”，学习掌握事物矛盾运动的基本原理，正确认识事业的发展前进本质规律，在掌握复杂局面中注意处理好量变和质变的关系，通过一个个矛盾、一桩桩难题、一次次风险的分析研究、疑难会诊、防范破解有效应对风险挑战。

四、把工作交给自己，把自己交给组织

组织是由一个个党员组成的，具有磅礴伟力，是党员最坚实的依靠。领导干部进了党的门，就是党的人，要始终相信组织、维护组织、感恩组织，自觉把组织当依靠，重大问题及时请示汇报，困难问题及时反映，主动向组织剖心迹、说真话，对组织毫无保留，坦荡真诚，并自觉把自己置于党的组织之中和领导之下，坚决贯彻执行党的决定，不折不扣完成党交付的工作任务，任劳任怨、苦干实干，自觉践行“为共产主义奋斗终身，随时准备为党和人民牺牲一切”的誓言。

（一）组织是最大的靠山，政绩是最硬的凭证

个人成长进步，一靠个人努力，二靠组织培养。这两个条件中，组织是核心、是基础，离开了组织培养，个人努力就是无源之水、无本之木。一段时期以来，一些领导干部热衷于“抱大腿”“接天线”“钻圈子”，搞一些非组织行为，妄图通过划入“某某线”“某某圈”得到认可、获得提拔，其实往往都摆脱不了利尽而散、食尽而亡的困境。作为领导干部，必须不断强化组织意识，始终忠于组织、相信组织、感恩组织，任何时候都与组织同心同德，在实干中施展抱负、建功立业，以实干业绩获得组织的认可，以优异的业绩接受组织的挑选。

没有组织就没有一切。“组织”二字重如山。习近平总书记多次强调，领导干部“遇到问题要找组织、依靠组织，不得欺骗组织、对抗组织”。没有组织，就没有干部的一切，领导干部无论职位高低，都是组织中的普通一员；没有组织，就没有施展才华的平台，纵有天大本

事也毫无用武之地。身为新时代领导干部，必须不断强化组织意识，增强对组织的归属感，感恩组织的教育和培养，接受组织的信任和监督，敬畏组织的纪律和规矩，自觉做到思想上认同组织、政治上依靠组织、工作上服从组织、感情上信赖组织，把敬畏之心转化为兢兢业业、忠于职守、义无反顾的工作动力，任何时候都与党同心同德。**要有“自己是组织的人”的理念。**党章明确规定，我们党是根据自己的纲领和章程，按照民主集中制组织起来的统一整体，每个党员无论职务高低，都必须编入党的一个支部、小组或其他特定组织，参加党的民主生活，接受党内外的监督。因此，党员干部要有身份意识、党员意识、组织意识。早在延安时期，毛泽东同志就指出：“有许多党员，在组织上入了党，思想上并没有完全入党，甚至完全没有入党。这种思想上没有入党的人，头脑里还装着许多剥削阶级的脏东西，根本不知道什么是无产阶级思想，什么是共产主义，什么是党。”时刻牢记“自己是组织的人”，是共产党人一切思维和工作的出发点。领导干部要强化党员意识，经常用党章这面镜子照一照自己，牢记自己的第一身份是共产党员，第一职责是为党工作，时刻想到自己是党的人，时刻不忘自己应尽的义务和责任，相信组织、依靠组织、服从组织，自觉接受组织安排和纪律约束，自觉维护党的团结统一。**要常怀感恩之心。**感恩是人类基本的情感意识，是中华民族的传统美德，更是领导干部党性修养题中应有之义。习近平总书记强调，“所有的人都要有感恩的心”。然而，一些领导干部不能正确处理党的培养与个人进步的关系。有的得到提拔重用，认为都是“应该”的，是自己“凭本事”挣来的，“到时间了也该考虑我了”，与组织的培养和同事的支持无关；有的得不到提拔任用，就怨声载道，满腹牢骚，认为组织对自己不公；

还有的“谢私恩、忘党恩”，把职务升迁看成是某个领导的“恩惠”，对领导感恩戴德，投桃报李，把组织的培养和群众的信任抛在一边。实际上，组织从来不欠任何人，领导岗位是党和人民对干部的信任和重托。领导干部要摆正自己与组织、自己与群众的关系，学习陈毅同志的感恩观，“第一想到不忘本，来自人民莫作恶。第二想到党培养，无党岂能有所作？第三想到衣食住，若无人民岂能活？第四想到虽有功，岂无过失应惭怍”。

当干部一定要有政绩。 政绩是为官从政取得的实绩。当领导干部是要有政绩的，没有政绩的领导干部是立不住的。事实上，无功就是过，平庸就是错。如果只是占着位子不作为、拿着俸禄不干事，那就只会是一个“庸官”“懒官”。当然，这里面还有一个政绩观的问题，也就是政绩为谁而树、树什么样的政绩、靠什么树政绩的问题。事实上，政绩只有为党、为国家、为人民的利益而树，只有以实现最广大人民的根本利益为出发点和落脚点，才是党和人民之福，才是实实在在最有分量的政绩。作为领导干部，必须树牢正确的政绩观，把为民办事、为民造福作为最重要的政绩，不图虚名、不做虚功，多做打基础、利长远的工作，努力创造经得起历史和人民检验的政绩。**没有实绩的干部，不是好干部。**实绩是检验干部的“试金石”。真正的政绩是“为官一任，造福一方”的实绩，是为了党和人民踏实工作的实绩，应该经得起群众、实践和历史检验。焦裕禄在兰考工作了475天，几乎所有时间都用在带领干部群众锁风沙、战旱涝、兴水利上，光阴无虚度，事业有进展，百姓得幸福，创造出了真正的政绩。领导干部必须把心思和精力放到干事创业上来，撸起袖子加油干，在岗位上扎扎实实干事谋发展，把职责范围内的工作抓实抓好抓到位，做出一些让群众称道的实绩，以实干赢得尊重，靠真本事立身。**显绩潜绩都要有。**评判一个干部的作为，不仅要看其任内干了些什么，也要看其卸任后留了些什么。领导干部为官从政，既要做让老百姓看得见、摸得着、得实惠的好事，也要做为后人做铺垫、打基础、利长远的实事。要甘当“铺路石”、跑好“接力赛”，以“功成不必在我”境界，绵绵用力、久久为功，多做打基础、管根本、利长远的事，真正把好事办好、把实事办实。

（二）干事是领导干部的本分，担当是领导干部的天职

干部干部，干字当头、先干一步。干事是干部的职责所在，也是检验干部是否合格最直观的标尺。曾国藩在《治心经・诚心篇》中有一句话：“以苟活为羞，以避事为耻。”领导干部既然选择了从政，就要心系万家灯火、情牵百姓忧乐，不能只想当官不想干事，只想揽权不想担责，只想出彩不想出力。身在岗位不想为，守着规矩不作为，惧怕规矩不敢为，拿着俸禄不尽为，庸政懒政怠政，整天无所事事、庸碌无为，也是一种腐败，甚至是危害更大的腐败。这样的领导干部既愧对那份工资、愧对那份职责，更愧对党和人民。

为党工作是天职。习近平总书记强调，全党同志要强化党的意识，牢记自己的第一身份是共产党员，第一职责是为党工作，做到忠诚于组织，任何时候都与党同心同德。入了党的门，就是党的人。如果不操为党尽职的心、不干为党分忧的事，就对不起党员的“党”字、干部的“干”字。大将徐海东讲：“党把我一个没有文化、受尽旧社会痛苦、百事不懂的手工业工人，培养成一个高级将领。使我不安的是为党为人民做的工作太少，病的时间太久”“一个共产党员在停止呼吸前

不为党工作，是耻辱”。对领导干部来说，无论职位高低，不管资历深浅，都应该始终把为党尽职、为党担责作为干事创业的基点，珍惜党和人民给予的干事机会和工作平台，始终一片赤诚在心、一颗红心向党、一生无怨无悔，心甘情愿为党和人民勤奋工作。

干事最能检验领导干部的忠诚度。 习近平总书记指出，“忠诚和信仰是具体的、实践的”“是否能够忠诚履责、尽心尽责、勇于担责，这是检验每一个领导干部身上是否真正体现了共产党人先进性和纯洁性的重要方面”。忠诚于党必须做到知行合一，归根到底要落到干事创业上来。领导干部如果没有对党和人民事业的忠诚，或者忠诚不纯粹、不牢固，就会不想干事，不思进取，只会“混日子”“熬年头”；就会不敢干事，奉行“少干事，少出事”“不干事，不出事”的歪理，不求有功、但求无过；就会不善干事，思想陈旧、思路封闭，新办法不会用、老办法不管用、硬办法不敢用、软办法不顶用，贻误党和人民事业。忠诚不是空洞的口号、高调的表态，必须用行动说话、用实绩作答。领导干部唯有始终对党和人民的事业真心诚意、尽心尽力、没有二心，想干事、干好事、干成事，才能证明和诠释对党和人民事业的绝对忠诚。**人民向往什么，干部就干什么。**为党工作和为民服务是内在统一的，为党工作，就是为民服务。习近平总书记指出：“人民对美好生活的向往就是我们的奋斗目标。”无论时代如何变化，都要始终把让老百姓过上好日子作为一切工作的出发点和落脚点，为人民对美好生活的向往而努力奋斗，始终同人民想在一起，干在一起，“把人民的期待变成我们的行动，把人民的希望变成生活的现实”。要始终把人民放在心中最高位置，在感情上亲近人民，在行动上融入人民，人民群众期盼什么，我们就追求什么，人民群众希望我们做什么，我们就干好什么，多干让人民群众满意的好事实事，让人民群众得到看得见、摸得着的实惠，不断满足人民群众对美好生活的向往，向人民群众交上一份满意答卷。

有多大担当才能干多大事业。 敢于担当是我们党的优良传统，是衡量好干部的基本标准。习近平总书记强调："为了党和人民事业，我们的干部要敢想、敢做、敢当，做我们时代的劲草、真金。"担当是党员干部职责所系、使命所在，担当精神是共产党人的魂，是党章对党员的明确要求。**要拎着"乌纱帽"干事，不要捂着"乌纱帽"当官。**现在，历史的重任落在了我们肩上，要挑起这副担子，必须敢于担当。领导干部的担当主要体现在解决矛盾问题上。愿不愿直面问题，敢不敢跳进矛盾旋涡，考验的是党性觉悟，检验的是领导水平。任何远大目标、任何宏伟蓝图，绝不是轻轻松松、敲锣打鼓就可以实现的，必须靠解决困难、化解矛盾得来。只有勇于担当，敢于负责，才能攻坚克难，开拓进取，才能聚合人心、凝聚力量。领导干部必须时刻认清自身肩负的责任和使命，以"铁肩担道义"的果敢和"妙手著华章"的自信，努力做到日常工作能尽责、难题面前敢负责、出现过失敢担责，切实把立党为公、执政为民的职责落到实处。**守土知责、守土担责、守土尽责。**尽多大责任才会有多大成就。领导干部知责守责是基本，担责负责是义务，尽心尽责是要求。要熟悉自己的"责任田"在哪里，细化责任、细化分工、细化目标，多管齐下，把"田"管好。要做"战士"，不做"绅士"。面对艰难险阻、矛盾问题，要迎难而上、挺身而出；面对急难险重任务，要冲锋陷阵、临危不乱；面对大是大非抉择，要保持定力、掌控全局；面对失误、错误，要敢于担责、勇于负责。要自觉锤炼韧劲和耐心，磨砺意志和品格，不断提高履职尽责的能力，把心操到、把责尽到、把活干好，真正成为领导事业发展的主心骨。

（三）一心做事，莫问前程

做事不是为了做官。领导的精髓就是奉献与牺牲。能在党团结带领全国各族人民为全面建成社会主义现代化强国、实现第二个百年奋斗目标，以中国式现代化全面推进中华民族伟大复兴的历史进程中奉献自己，是我们人生之大幸，理当倍加珍惜。不论官位大小，都要把全部心思和精力放到干好工作上，从自己的本职工作做起，从人民群众关心关注的小事做起，多看看自己做了些什么，干得怎么样，少留意自己的荣辱得失、进退留转，以我将无我、不负人民的境界和追求，努力在平凡的工作岗位上干出不平凡的工作业绩。

要立志做大事，不要立志做大官。做事还是做官，表现出不同的人生境界和价值追求，做事的人，把心放在事上，以能做事、会做事、做好事为追求，敢于负责、无私无畏；“做官”者想的是功名利禄，图的是“官途光明”，甚至不惜为此要手段、搞阴谋、讨巧卖乖。73 岁高龄的邓小平同志第三次复出时讲过一段感人肺腑的话：“我出来工作，可以有两种态度，一个是做官，一个是做点工作。我想，谁叫你当共产党人呢。既然当了，就不能够做官，不能够有私心杂念，不能够有别的选择。”邓小平同志是这样说的，更是这样做的，为我们做出了表率，领导干部都应当有这样的境界和追求。**职务上知足，工作上知不足。**要正视组织、正视自己、正视岗位，把自己看低一些，把位置摆正，多想一想组织的培养、自己的不足、与他人的差距，把名看虚些，把利看淡些，常怀感恩之心、少生非分之想，常怀平常之心、少生攀比之想，常怀自律之心、少生贪婪之想，不比条件比干劲、不比享受比奉献，把更多的心思用在经济社会发展上，用在全心全意为人民群众服务上。**不可设计升迁路线。**个人的升迁是组织的事，自己无权设计和安排。不要设计升迁路线，而要尽心设计干事路线，把全部心思和精力放到干好工作上，积极应对各种复杂难题的考验，提升自己应对各种现实问题的能力，以一流的业绩接受组织挑选，在干好事业中实现人生价值，逐步成长为领导认可、组织放心、群众拥护的好干部。

莫问收获，但问耕耘。做任何事情都会面对取舍、付出和牺牲，只有像“老黄牛”一样躬耕不倦，像“拓荒牛”一样奋斗不息，像“孺子牛”一样奉献不止，才能善作善成、干出成效。如果做了一点点工作就伸手要待遇、讲条件，舍不得牺牲奉献，其结果必然只能是什么也得不到。领导就是奉献，更应当具备“革命理想高于天”的精神和“但愿苍生俱饱暖，不辞辛苦出山林”的情怀，自觉自愿地为党和人民事业、为人民群众幸福燃烧自己、消耗自己，真正做到吃苦在前、享受在后，克己奉公、多做贡献。**领导的精髓就是奉献与牺牲。**岗位的价值在于“做事”，人生的意义在于“奉献”。“我们共产党人讲奉献，就要有一颗为党为人民矢志奋斗的心，有了这颗心，就会‘痛并快乐着’，再怎么艰苦也是美的、再怎么付出也是甜的，就不会患得患失。这才是符合党和人民要求的大奉献。”领导干部要带头弘扬奉献精神，兢兢业业、夙兴夜寐，有功劳的时候不伸手、有苦劳的时候不计较、有疲劳的时候不抱怨，心甘情愿做燃烧自己、照亮别人的“蜡烛”，做吃苦耐劳、无私付出的“老黄牛”。**老实人不会吃大亏。**总害怕吃亏的人，往往会吃大亏；而不怕吃亏的人，一般也不会吃太大的亏。老实人埋头苦干、踏实工作、不事张扬，始终坚守自己的本分，虽然有时候会吃点小亏，但公道自在人心，长久来看，是一定不会吃大亏的。反观一些投机取巧、满肚子“小九九”的人，看似一时得了一些便宜，但聪明反被聪明误，最终却是会栽跟头的。领导干部要说老实话、办老实事、做老实人，光明磊落、襟怀坦荡，才能行稳致远。

第三章

新时代的干部工作必须堪当重任

党的二十大报告提出“建设堪当民族复兴重任的高素质干部队伍”的重大任务，具有深远的战略考量和重大的现实意义，为新时代干部工作指明了前进的方向。干部队伍要堪当重任，必然意味着干部工作也要以组织路线服务政治路线的高度自觉堪当重任，为全面建设社会主义现代化国家、全面推进中华民族伟大复兴提供有力的干部支撑。为政之要，惟在得人；用非其才，必难致治。毛泽东同志指出：“政治路线确定之后，干部就是决定的因素。”正确的政治路线要靠正确的组织路线来保证。历史和现实都表明，一个政党、一个国家能不能不断培养出优秀的领导人才，在很大程度上决定着这个政党、这个国家的兴衰存亡。

各级党委（党组）和组织人事部门要以高度的使命感和责任感，从党和国家事业发展的百年大计出发，贯彻好新时代党的组织路线，严格落实新时代好干部标准，鲜明树立新时代选人用人导向，统筹抓好干部选育管用工作，努力建设一支政治过硬、适应新时代要求、具备领导现代化建设能力、忠诚干净担当的高素质干部队伍。

一、坚持党管干部首要原则

党的二十大报告指出，要“坚持党管干部原则，坚持德才兼备、以德为先、五湖四海、任人唯贤，把新时代好干部标准落到实处”。党管干部原则是党和国家干部工作的根本原则，就是由党制定干部工作的路线方针政策，由各级党委据此选拔任用和管理监督干部，加强领导班子和干部队伍建设，指导干部人事制度改革，改进党管干部方式方法，加强干部人事工作的宏观管理和检查监督，保证干部工作健康有序运行。坚持党管干部原则不仅是在狭义上由各级党组织牢牢掌握人事权，更是在广义上坚持党对干部工作的全面领导。党管干部的实质就是要保证党对干部工作的领导权和对重要干部的管理权。党如果不直接管理干部，党的事业就失去了保证，党的领导就会成为一句空话，党的政策和奋斗目标就难以实现。因此，党管干部原则必须始终不渝地坚持，在任何时候、任何情况下都不能有半点的含糊和动摇。

（一）党管干部原则是百年大党行稳致远的宝贵经验

党管干部原则既是马克思主义政党建设理论的重要组成部分，也是中国共产党百年奋斗征程得出的宝贵历史经验。马克思、恩格斯在创建和指导无产阶级政党的过程中，对政党骨干的相关理论进行了思考阐述，并对巴黎公社的干部管理制度作过系统深入的研究。十月革命胜利后，列宁将马克思主义的无产阶级干部学说由理论发展到了实践，在建设社会主义国家过程中积累了一系列干部管理的经验。中国共产党在领导中国革命、建设、改革的伟大实践中，随着时代的发展面临着不同的形势和任务，但都始终坚持党管干部原则，依靠“出主意、用干部”领导全党全国各族人民取得了一个又一个伟大胜利。

中国共产党从土地革命时期到抗日战争时期、再到解放战争时期，一直都处于复杂的战争环境中，能否完整准确贯彻党中央的各项指令、方针、政策，关系到革命事业的成败，关系到党和国家的生死存亡，对干部队伍质量有着极高的要求。1938 年，党的六届六中全会首次提出组织工作中国化的重大命题，总结出了党管干部的重要思想，成为党的干部工作的根本要求，促使干部工作逐渐走上了制度化、规范化的道路。

新民主主义革命胜利后，党的中心工作由革命战争转向经济建设，任务更加复杂艰巨。将落后的农业国变为先进的工业国是一项全新的事业，急需大量懂得经济、文教、卫生、交通等方方面面知识的专业型干部。1953 年，中央下发《关于加强干部管理工作的决定》，对党管干部原则作出了明确规定，逐步建立起在中央及各级党委统一领导下的分部分级管理干部的制度，将干部划分为九类，分别由中央至各级党委的各部分工管理。

党的十一届三中全会作出把党的工作中心转移到经济建设上来、实行改革开放的历史性决策，在组织路线拨乱反正的基础上重新确立了党管干部原则。1983 年，中组部印发《关于改革干部管理体制若干问题的规定》提出“在党委统一领导下，实行组织部门统一管理和分级管理相结合的原则”。1995 年，中共中央印发的《党政领导干部选拔任用工作暂行条例》规定，选拔任用党政领导干部必须坚持党管干部原则，此后发布的《党政领导干部选拔任用工作条例》和历次修订中均包括这一首要原则。

党的十八大以来，中国特色社会主义进入新时代，党中央统筹推进党的建设新的伟大工程，进一步丰富和发展了党管干部原则。2013 年，习近平总书记在全国组织工作会议上指出，组织工作必须认真贯彻党要管党、从严治党方针。党要管党，首先是管好干部；从严治党，关键是从严治吏。新时代坚持党管干部原则更加注重优化顶层设计，党中央先后出台了新修订的《党政领导干部选拔任用工作条例》《关于防止干部“带病提拔”的意见》《党政领导干部考核工作条例》《推进领导干部能上能下规定》等一系列党内法规文件，以制度规范选人用人全过程。

历史不断证明，只有坚持好党对干部工作的全面领导、贯彻落实好党管干部原则，才能始终保持干部队伍素质符合时代发展需要，才能为党和人民的事业发展提供源源不断的动力。要充分吸收借鉴党百年奋斗历史经验中关于干部工作的宝贵思想财富，将坚持党管干部原则与坚持“信念坚定、为民服务、勤政务实、敢于担当、清正廉洁”的新时代好干部标准有机结合，做好新时代干部工作。

（二）党管干部原则是党的全面领导在干部工作中的具体体现

“党政军民学，东西南北中，党是领导一切的。”党章规定，党必须按照总揽全局、协调各方的原则，在同级各种组织中发挥领导核心作用。习近平新时代中国特色社会主义思想提出了新时代坚持和发展中国特色社会主义的基本方略，其中排在首位的就是坚持党对一切工作的领导。党的第三个历史决议总结的党百年奋斗的 10 个方面的历史经验中，第一条就是坚持党的领导。贯彻落实党管干部原则能够凸显党的领导在干部工作中的把关定向作用，是党实现组织领导的重要方式，是坚持党的全面领导在干部人事工作中的具体体现，有利于充分发挥党的领导核心作用、加强党的全面领导。

中国特色社会主义最本质的特征是中国共产党领导，中国特色社会主义制度的最大优势是中国共产党领导，中国共产党是最高政治领

导力量。 党的二十大报告指出，全面建设社会主义现代化国家，必须坚持和加强党的全面领导，把党的领导落实到党和国家事业各领域、各方面、各环节，使党始终成为风雨来袭时全体人民最可靠的主心骨。中国共产党肩负着领导中华民族伟大复兴事业的历史重任，是推进中国式现代化的核心主体，坚持党管干部原则是坚持和加强党的全面领导的必然要求，也是巩固党的长期执政地位的重要举措。

用人权是最重要的执政权。 牢牢把住用人权是巩固党的执政地位、履行党的执政使命的根本保证。通过选拔任用干部控制国家机器运转，将各类人才充实到不同的岗位上去，执行政党治国理政的各项指令政策，实现政党的执政目标，这是现代执政党政治的基本运行方式。我们党作为世界上最大的马克思主义执政党，坚持党管干部原则是我们党不断深化对共产党执政规律认识得出的宝贵经验，是提升党的执政能力和水平、推进国家治理体系和治理能力现代化的重要途径。中国式现代化的前途是光明的，道路是曲折的，既肩负着艰巨的发展任务，也面临着复杂的国内国际形势，对干部队伍素质有着极高的要求。必须继续坚持和发展党管干部原则，紧跟时代发展需要，不断优化干部工作顶层设计，健全完善制度体系，选好用好党内党外各条战线、各个层级的干部来具体推动党的路线、方针、政策落实落地。

（三）新时代党管干部原则的内涵和外延

新时代坚持党管干部原则还需要厘清“党管干部”这一概念的内涵和外延。“党管干部”的主体是党的机关包括各级党委（党组）和组织人事部门。“党管干部”的客体既包括具体的人员，即在党政机关、军队、企事业单位、人民团体乃至基层组织中工作的党内党外、各级各类干部，也包括抽象的政策，即制定宏观的干部工作路线方针政策和微观的干部选拔任用、管理监督各项规定。坚持党管干部原则不能局限于一隅，被具体业务工作框定思维。要善于从推动事业发展的全局高度和未来干部队伍需求的长远角度看待问题，将管方向、管政策、管制度、管人头有机结合、一体推进，形成党管干部合力。

一是管方向。 新时代党的组织路线要求“着力培养忠诚干净担当的高素质干部队伍”“坚持德才兼备、以德为先、任人唯贤”，为干部工作指明了方向。党管干部不能简单等同于管好人事，应当从宏观上提高思想认识，抓好干部工作的全过程各方面。党管干部首先就是要牢牢把准干部工作的正确方向，为实现中国式现代化建设提供坚强有力的干部队伍保证。要做到党的中心任务推进到哪里，干部工作就坚决服务保障到哪里，党和人民事业发展的需要就是干部工作的前进方向。

二是管政策。 新征程上面临着许多新风险、新挑战，同时也蕴含着各种新机遇、带来了一些新任务。当前经济社会发展形势不断变化，对干部能力素质的要求不可能一成不变，我们的干部政策也同样需要与时俱进，不断变化调整。管好干部政策必须善于应变局、育先机、开新局，准确把握经济社会发展的各种形势变化，胸怀国内国际“两个大局”，以对党和人民负责的使命感不断优化政策体系，调整完善干部培养教育、选拔任用、监督管理的具体政策要求，充分发挥干部政策的指导作用。

三是管制度。“把权力关进制度的笼子里”，这是党的十八大以来深入推进全面从严治党得出的宝贵经验。把牢干部工作前进方向、贯彻落实党的各项干部政策同样需要加强制度体系建设，制定好、用好各项制度，从而规范约束干部工作的全过程各方面。新时代这十年，党不断推进全面深化改革的广度和深度，出台了一系列党内法规制度文件规范干部工作的方方面面，牢固树立起了党管干部原则。中国式现代化建设的新征程中仍然需要不断深化干部工作制度改革，健全完善标准清晰、措施精准的制度体系，切实提高干部工作科学化、制度化、程序化水平。

四是管人头。 干部工作的本质是做人的工作，坚持党管干部原则的落脚点应当是管好领导干部。管人头既要管住选人用人的关键环节，也要管系统管长远、管好干部的政治思想和作风纪律，但其中起决定性作用的是管好干部选拔任用。选拔任用是干部工作的核心环节，必须坚持党对干部选拔任用全过程各方面的领导，充分发挥制度优势、组织优势，确保选拔任用的干部靠得住、有本事、过得硬、能放心，充分发挥广大干部的主观能动性，做到人尽其才、用当其时。

（四）新时代党管干部原则的实现路径

做好新时代干部工作、贯彻落实好党管干部原则，还需要回答怎么管的问题，必须找到最优路径，在坚持党管干部原则的同时推动干部工作提质增效。坚定不移走中国特色社会主义政治发展道路要求我们必须坚持党的领导与人民当家作主、依法治国有机统一。同样，坚持新时代党的组织路线、实现党管干部原则有效落地，也需要坚持党的领导与发扬民主、依法办事有机统一。除此之外，落实党管干部原则的过程中还存在忽视程序、机械教条、认识狭隘等误区和陷阱，要仔细甄别，坚决规避。

坚持党的领导这个核心。 党管干部原则的核心在于坚持党的领导，就是要求各级党组织牢牢掌握干部问题的主动权和决定权，要在干部人事调整的民主推荐、考察谈话、讨论决定等各环节充分发挥党组织的主导和把关作用。要坚持集体领导、集体决策，坚决反对个人凌驾于组织之上的独断专行。要深刻认识坚持党的领导与发扬民主是辩证统一的，在干部工作中充分发扬民主集中制精神，坚定地走群众路线，既不搞神秘主义、也不搞“海推”“海选”，做到民主基础上的集中和集中指导下的民主有机结合，在充分听取群众意见的同时坚持和加强党的领导。要将坚持党的领导与依法办事有机统一起来，运用法治思维和制度手段抓好干部工作是提高依法执政水平的重要一环，依法依规管理干部是全面依法治国的必然要求。只有严格按照各项政策制度要求规范地开展干部工作，才能使不正之风没有可乘之机，科学有效地实现党管干部原则。

避免具体实践中几个误区。 一是忽视程序直接任命。党管干部并不等同于党组织直接或变相直接地任命干部，更不意味着党组织“一把手”完全掌握干部任免权。要充分认识到干部选拔任用体制机制并非削弱党管干部原则，而是有助于更加科学高效地推进干部工作。二是机械教条、唯票唯分。落实干部选拔任用管理各项规章制度的过程中切忌机械教条，单纯地以票取人、唯 GDP 论英雄。要完善考核评价体系，既发挥党的领导作用，又考准察实干部真才实绩。三是狭隘落实“任而不管”。干部工作并非只有选拔任用一个环节，坚持党管干部原则应当贯穿干部队伍建设的全过程各方面。坚持培养和使用并重，加强干部教育，全面提高干部综合素质；坚持严管和厚爱相结合，抓实全方位管理和日常监督，关心关爱激励广大干部担当作为。

二、强化系统观念统筹推进干部工作

习近平总书记在2018年全国组织工作会议上提出，建设忠诚干净担当的高素质干部队伍重点是“做好干部培育、选拔、管理、使用工作”，并明确要求建立素质培养、知事识人、选拔任用、从严管理、正向激励五大体系。五大体系相互联系、相辅相成，环环相扣、整体闭环，是对新时代精准、科学、规范培养忠诚干净担当的高素质干部队伍的总部署、总要求，必须一体推进。其中，素质培养是基础，要遵循干部成长客观规律进行系统性、持续性、针对性培养；知事识人是路径，重在全方位、多角度、近距离了解识别干部；选拔任用是关键，要拓宽视野看功能最优而非结构最优；从严管理是保障，突出日常经常，早打预防针，多管小毛病；正向激励是方法，要牢固树立激励干部勇于担当、积极作为的鲜明导向。在中国式现代化建设的新征程中做好堪当重任的新时代干部工作，必须不断强化系统观念，统筹推进五大体系建设，才能抓实干部队伍建设。

（一）坚持知事识人“选”

要建立日常考核、分类考核、近距离考核相结合的知事识人体系。经世之道，识人为先。习近平总书记指出：“识人用人是组织部门的一项基本职能，也是一项基本功。人识准了、用好了，党和国家的事业才会有可靠的干部和人才基础。”干部工作担负着选贤任能的重要职责，必须练好知事识人的基本功。组工干部最大的德是公道正派、最大的才是识人用人。只有练就一双慧眼，掌握一套绝活，用“专业眼光”去选拔使用，把人识准用准。

坚持在实践一线识人，“听其言”更要“观其行”。物质决定意识，意识是对物质的反映。只有坚持一切从实际出发，使主观符合客观，做到主观和客观统一，才能正确认识客观世界，促进事物发展。干部工作也是如此，只有多到一线同广大干部实际接触，多到干部工作生活的实际环境中去，才能真正全面地做到知事识人。新时代新征程，我们的广大干部奋战在乡村振兴、产业发展、项目建设一线，因此，干部工作也要深入经济社会发展一线，了解干部抓乡村振兴、抓产业发展、抓项目建设的实际能力，既要看干部自己怎么说，还要看其干了什么、干成了什么，用事实说话。

常态化开展日常识人，“看一时”还要“重一贯”。毛泽东同志早就指出：“不但要看干部的一时一事，而且要看干部的全部历史和全部工作，这是识别干部的主要方法。”要通过干部考察、年度测评、参加班子民主生活会、述职述德述廉、听取工作汇报、与干部谈心谈话、日常接触了解等渠道，全面深入了解干部有关情况，注重一贯表现和全部工作。力争“全方位”“多角度”立体地认识干部，既要了解干部现在在干什么，也要了解干部过去干过什么，既要了解干部在现单位的表现，也要了解干部在原单位的情况，既要了解干部同同事和上级的意见，也要了解干部同下级和群众的意见，这样才能全面了解和掌握干部的德才表现。

客观全面精准识人，要“全面历史看”还要“辩证看”。“全面看”就是要用系统的眼光看，既看主流看全貌、又看细节看本质，既看能力优点、又看不足缺陷，既看到优中之缺、又看到短中之长，不能用片面、极端的眼光看待干部。“历史看”就是要用纵深的眼光看，既看现在的能力素质也看过去的成长轨迹，既看到一贯表现也看到未来潜能，不能用孤立、静止的眼光看待干部。“辩证看”就是要用一分为二的眼光看，既用“两点论”看、又用“重点论”看，既看政治立场又看能力本领，既看显绩又看潜绩，既看到成绩又看到失误，不能用感性、绝对的眼光看待干部。只有坚持用全面、历史、辩证的眼光看待干部的过去和现在，归纳总结能力特质，综合分析干部的成长路径和未来发展趋势，才能做到精准识人。

（二）坚持培训锻炼“育”

要建立源头培养、跟踪培养、全程培养贯通的素质培养体系。干部能力素质水平的高低影响着其所在岗位作用的发挥。作为团结带领广大人民群众开展中国式现代化建设的实际推动者和党的各项政策方针的实际执行者，新时代的干部必须要有过硬的政治、经济、文化素养。习近平总书记在2018年全国组织工作会议上指出：“干部素质培养是一个长期过程，不是朝夕之功”，“要增强干部素质培养的系统性、持续性、针对性”。能力素质不是凭空而来的，也不是一成不变的，需要干部自身不断从理论学习和实践锻炼中汲取养分，也需要党组织长期的培养。习近平总书记用打好四个基础来概括干部培养的重点，即加强党性修养、筑牢信仰之基，加强政德修养、打牢从政之基，严守纪律规矩、夯实廉政之基，健全基本知识体系、强化能力之基，并提出要“把理想信念教育、知识结构改善、能力素质提升贯穿干部成长全过程”。

深化思想淬炼。 理论素养是干部综合素质的核心，只有掌握马克思主义看家本领，才能保证信仰不迷茫、思想不迷航、行动不迷向。

要坚持不懈用习近平新时代中国特色社会主义思想凝心铸魂，把学习贯彻这一重要思想作为首要任务，组织实施党的创新理论学习教育计划，以县处级以上领导干部为重点在全党深入开展主题教育，推动广大干部全面系统学、持续深入学、联系实际学，把握好这一重要思想的世界观和方法论，坚持好、运用好贯穿其中的立场观点方法，把学习成效转化为坚定理想、锤炼党性和指导实践、推动工作的强大力量。

强化政治历练。 要培养干部的政治忠诚，确保他们坚定拥护“两个确立”、坚决做到“两个维护”；培养干部的政治能力，确保他们牢固树立“四个意识”；培养干部的政治定力，确保他们始终坚定“四个自信”；培养干部的政治担当，确保他们开拓进取积极作为、敢于斗争善于斗争；培养干部的政治能力，确保他们善于从政治上观察和处理问题、从容应对风高浪急甚至惊涛骇浪的重大考验；培养干部的政治自律，确保他们严格遵守党的政治纪律和政治规矩，始终在政治上站得稳、靠得住、信得过。

注重实践锻炼。 实践是个大熔炉、大学校，是确保干部“高素质”最管用、最有效的办法。要将理论知识学习和实践锻炼成长深度融合，以情景式体验教学强化理想信念，以现场式研讨教学提升能力素养，不断创新理论实践相结合的新型干部素质培养模式。干部成长是有规律的，必须循序渐进，不能急于求成。教育培训提升只是短期的“充电站”，工作实践历练才是常态化的“练兵场”。要积极探索解决干部成长路径趋同问题的有效措施和办法，不断总结干部成长规律，优化干部成长路径，坚持递进式成长模式，绝不能揠苗助长、半路掐尖。

提升专业训练。 盘活用好各类干部教育培训资源，探索创新研究式教学、沉浸式教学等新形式新方法，科学设计培训班次和课程结构，紧扣中国式现代化建设的各项任务要求，持续开展与经济社会发展需要相适应的专业化能力培训。把提高干事创业能力作为干部培养的重中之重，不断完善各级各类干部知识结构，补上能力短板、素质短板、方法短板，使广大干部具备专业知识、专业思维、专业方法、专业能力和专业精神，努力培养知识型、开放型、创新型、实干型、专业型领导人才。

（三）坚持鲜明导向"用"

要建立以德为先、任人唯贤、人事相宜的选拔任用体系。习近平总书记指出，"用人上的不正之风和腐败现象对政治生活危害最烈，端正用人导向是严肃党内政治生活的治本之策"。选人用人导向是政治环境的风向标，是政治生态的晴雨表，一旦出现偏差，干部工作就会失去公信力，组织部门也就丧失了权威和信誉，党和国家的事业将受到严重的威胁。组织部门要着眼事业发展和领导班子建设需要，坚持德才兼备、以德为先，坚持新时代好干部标准，以正确用人导向引领干事创业导向。

更加突出政治首位标准。 有才无德会坏事，有德无才会误事，有德有才方能干成事，要坚持德才兼备、以德为先，尤其注重看政治品德。政治上有问题的人，能力越强、职务越高，危害就越大。在干部选拔任用环节必须坚持把政治标准放在首位，大力选拔坚定拥护"两个确立"、坚决做到"两个维护"，在思想上政治上行动上始终同以习近平同志为核心的党中央保持高度一致的干部。把那些政治上的"墙头草""骑墙派""两面人"，那些违反党的政治纪律和政治规矩、存在"七个有之"等问题的人坚决挡在门外，对廉洁上有硬伤的坚决

“一票否决”，使纪律和规矩真正成为带电的高压线。

更加突出专业能力素养。 习近平总书记强调，注重培养专业能力、专业精神，增强干部队伍适应新时代中国特色社会主义发展要求的能力。只有具备干事创业必需的专业素养，才能善担当尽责任、作贡献开新局。面对严峻复杂的形势任务，干部队伍不同程度存在“本领恐慌”、能力不足的问题，不适应的一面在上升。这就要求我们在坚持政治标准的前提下，更加重视干部的素质能力，大力选拔有真才实学、能力过硬的干部。

更加突出担当斗争精神。 大事难事看担当。敢于担当、勇于负责是干部必须具备的基本素质，有多大担当才能干多大事业，尽多大责任才会有多大成就。当前，一些干部思想困惑增多、积极性不高，存在能力不足“不能为”、动力不足“不想为”、担当不足“不敢为”的现象。这就要求各级组织部门要鲜明树立讲担当、重担当的用人导向，大力选拔想干事、能干事、干成事的干部，坚决不用不愿做事、不敢扛事、装样子、混日子的干部，真正让有为者有位、能干者能上、优秀者优先。同时，还要把敢于善于斗争作为干部培养选拔的重要标准，大力选拔面对矛盾问题敢于迎难而上、面对困难危机敢于挺身而出、面对失误错误敢于承担责任的干部。

更加突出实践实干实绩。 作风其实就是战斗力。党的事业成在干部作风、败也在干部作风，兴在干部作风、衰也在干部作风。现实中，有的干部抓工作喜欢摆花架子、做表面文章，对问题是不是真正解决、情况是不是明显改观、工作有没有落地见效却不管不问；有的工作方式方法简单粗暴，热衷于搞华而不实的“形象工程”、劳民伤财的“政绩工程”。选拔干部必须突出实践实干实效，把坚持“三严三实”，坚持求真务实、真抓实干，能真正解决实际问题的干部选上来。

（四）坚持全面从严“管”

要建立管思想、管工作、管作风、管纪律有机统一的从严管理体系。严管者，治吏之经也。古今中外的选官用官政治实践告诉我们，优秀干部的“金刚不坏之身”绝不是天生的，而是要靠自律和他律相结合练就出来的。习近平总书记指出，“好干部是选出来的，更是管出来的”，强调“要完善体制机制，管好关键人、管到关键处、管住关键事、管在关键时，特别要把一把手管住管好”。从严管理干部必须将管工作圈和管社交圈结合起来，将八小时之内和八小时之外的管理贯通起来，将严管作为培养干部的一条重要原则，管思想、管工作、管作风、管纪律，敢管敢严、真管真严、长管长严，管出好干部、管出好队伍。

科学把握管理监督对象。 既要注重对全体干部的全面管理监督，也要从工作实际出发，分析把握不同对象的性质特点、管理重点、监督难点，善于抓住问题的关键，透过现象剖析本质，运用恰当的方式方法做好干部管理监督工作。要聚焦各级领导干部特别是“一把手”，突出对权力集中、资金密集、资源富集的重点部门、关键岗位干部的监督，管好关键人、关键点、关键事，切实提高管理监督工作的质量效能。

常态化运用管理监督措施。 千里之堤，溃于蚁穴，小洞不补，大洞吃苦。要加强日常监督管理，常态化运用各类措施，坚持抓早抓小、防微杜渐。一旦发现苗头性、倾向性问题，要及时批评教育，经常敲响警钟，使咬耳扯袖、红脸出汗成为常态。要坚决贯彻执行好提醒函询诫勉、个人有关事项报告和抽查核实等干部管理制度，把纪律和规矩挺在前面，用好用活监督执纪“四种形态”，层层设置防线。

压紧压实管理监督责任。 完善从严管理监督干部制度体系，落实管理监督责任，将履行干部管理监督情况作为述责述廉、基层党建述职评议考核、干部考察的重要内容，督促领导干部把管理监督的责任扛在肩上，敢抓敢管，勇于监督。落实党委（党组）全面从严治党主体责任和“一把手”第一责任人职责，扛牢扛实管党治党政治责任，高度重视、稳步推进、狠抓落实，全面加强对责任范围内干部的管理监督。

（五）坚持加油鼓劲“激”

要建立崇尚实干、带动担当、加油鼓劲的正向激励体系。严管不能忘了厚爱，关心爱护干部是我们党的优良传统。1938 年，毛泽东同志就提出了爱护干部的 5 条方法：第一是指导他们，第二是提高他们，第三是检查他们的工作，第四是帮助犯错误的干部改正错误，第五是照顾他们的困难。这 5 条方法至今仍有重要的指导意义。2018 年，中共中央办公厅印发《关于进一步激励广大干部新时代新担当新作为的意见》，充分调动和激发了干部队伍的积极性、主动性、创造性。党的二十大报告提出，要“坚持严管和厚爱相结合”，“落实‘三个区分开来’，激励干部敢于担当、积极作为”，“关心关爱基层干部特别是条件艰苦地区干部”。关心关爱干部，就是要坚持政治上激励、工作上支持、待遇上保障、心理上关怀。

推动能者上、优者奖、庸者下、劣者汰形成常态。 严格贯彻落实《推进领导干部能上能下规定》，扬选人用人之清，褒奖和重用敢于负责、勇于担当、善于作为、实绩突出的干部，激发勇挑重担、奋发有为的动力。对不担当、不作为的，根据具体情节该免职的免职、该调整的调整、该降职的降职，使能上能下、能进能出成为常态。积极营造推进领导干部能上能下的制度环境和舆论氛围，加强督促检查，将《推进领导干部能上能下规定》执行情况纳入党委（党组）履行全面从严治党主体责任、"一报告两评议"、巡视巡察、选人用人专项检查等内容，纳入党委（党组）书记年度考核述职内容。

形成工作好坏有考核、有说法、有体现的新机制。习近平总书记指出，"要建立科学规范的干部考核评价体系，形成激励干部求真务实的有效机制"。用好考核这个指挥棒，完善考核方法、健全考核制度，引导干部树立和践行正确的政绩观，杜绝不切实际定目标，解决表态多调门高、行动少落实差等突出问题。要在考用结合上积极探索，强化考核结果运用，充分发挥考核的正向激励鞭策作用，坚持把考核结果作为干部选拔任用、职级晋升、评奖评优、干部调训的重要依据，充分发挥先进典型的榜样示范引领作用，切实解决干与不干、干多干少、干好干坏一个样的问题。

建立"三个区分开来"的容错纠错机制。对出现的错误中哪些属于在推进改革中因缺乏经验先行先试出现的失误、哪些属于上级尚无明确限制的探索性试验中的失误、哪些属于为推动发展的无意过失进行界定，进一步明确具体情形和政策界限。要坚持为敢于担当的干部担当，对敢于负责的干部负责，营造干部为事业担当、组织为干部担当的良好氛围，让干部始终在充满希望的氛围环境中工作。

从工作政治思想生活上关心关爱干部。既要从工作上关心关爱干部，充分调动干部的积极性，营造干事创业的良好氛围；也要从生活上关心关爱干部，落实各项政策待遇，切实帮助干部解决实际困难；还要从思想上关心关爱干部，加强日常谈心谈话，对干部多些人文关怀、多些“家”的温暖。对于表现突出、作出成绩的，组织上要适时表扬、勉励；对于有了思想问题、遇到实际困难的，组织上要及时谈心、理顺情绪、帮助解决。

三、突出政治标准选人用人

习近平总书记强调，“把党和人民事业长长久久推进下去，必须增强政治意识，善于从政治上看问题，善于把握政治大局，不断提高政治判断力、政治领悟力、政治执行力”。党的二十大报告提出“坚持把政治标准放在首位，做深做实干部政治素质考察，突出把好政治关、廉洁关”。政治素质是领导干部最根本的素质，政治素质考察是干部考察工作的灵魂和统领。2019 年，中共中央印发《关于加强党的政治建设的意见》，要求“建立健全领导干部政治素质识别和评价机制”，选人用人突出政治标准，考核考察突出政治素质，是党的干部路线一以贯之的重要原则，这是由党的政治属性决定的，是保证党团结统一、实现政治主张和政治目标的必然要求。必须把政治素质考察摆在干部工作的重中之重，贯穿干部工作始终，使其具体起来、鲜明起来、落得下来，树立政治素质第一的鲜明导向，把好选人用人第一道关口。

（一）提高站位讲政治，让导向更加鲜明化

新修订的《党政领导干部选拔任用条例》明确规定“选拔任用党政领导干部，必须把政治标准放在首位”，这一条不过关，其他都不过

关。实践反复证明，干部在政治上出问题，对党的危害不亚于腐败问题，有的甚至比腐败问题更严重。这样的干部能力越强、职务越高、平台越大，给党和人民造成的损失就越大。

坚持目标导向，纯洁干部队伍。 加强政治素质考察的主要目标在于纯洁干部队伍、提高干部政治素质。既要精准识别政治上的“两面人”，将政治素质不合格的干部坚决清除出去，也要强化正向激励引导，让政治素质过硬的干部脱颖而出。必须始终坚持把政治标准作为选人用人的首要标准，注重把好政治忠诚关、政治定力关、政治担当关、政治能力关、政治自律关“五关”，在选拔任用过程中对政治上不合格的“一票否决”，已在领导岗位的坚决调整下来。

坚持问题导向，应对形势变化。 新时代新征程，国内国际形势更加复杂严峻。一方面，世界百年未有之大变局加速演进，国际力量对比深刻调整，局部冲突和动荡频发，全球性问题不断加剧，世界进入新的动荡变革期，来自外部的打压遏制随时可能升级；另一方面，我国改革发展稳定面临不少深层次矛盾，经济发展受到周期性因素和结构性因素叠加、短期问题和长期问题交织等多重影响，党的建设特别是党风廉政建设和反腐败斗争面临不少顽固性、多发性问题。国内外环境的深刻复杂变化，对干部政治上的考验很现实、很严峻，如果政治素质不过硬，就经不起风吹浪打，关键时刻就会私心杂念丛生，甚至临阵脱逃。锤炼过硬政治素质必须坚持问题导向，严明政治纪律和政治规矩，推动广大干部旗帜鲜明讲政治，自觉在思想上、行动上同党中央保持高度一致。

坚持实践导向，提高政治能力。 要把加强政治素质考察作为党要管党、全面从严治党的重要举措，抓住“关键少数”，带动“绝大多数”，凸显政治素质考察工作的指挥棒、风向标、助推器作用，不断提高干部政治觉悟和政治能力，提高运用马克思主义立场、观点、方法分析和解决问题的水平，增强辨别政治是非、保持政治定力、驾驭政治局面、防范政治风险的本领，更好地为党分忧、为国尽责、为民造福。

（二）落细落小抓具体，让内容更加具象化

政治素质考察是一项系统工程，涵盖了领导干部思想、工作、作风各方面的内容。做深做实政治素质考察必须紧密结合实际，科学设置考察内容，做到繁简适度、粗细相宜。

精准设置考察内容。 一是从政治忠诚、政治立场维度来看是否坚持党对一切工作的领导、坚持党性和人民性的统一；二是从政治信仰、政治定力维度来看是否能够从思想上政治上排除各种干扰、抵御各种诱惑，坚定不移沿着正确政治方向前进；三是从政治担当、政治能力维度来看是否能够在急难险重任务、重大风险考验中冲锋在前、履职担当、敢于斗争，具有防范应对各种风险挑战的能力；四是从政治生活、政治生态维度来看是否严格执行党内政治生活制度，坚决贯彻以理论联系实际、密切联系群众、批评和自我批评等为主要内容的党内政治生活基本规范；五是从政治纪律、政治规矩维度来看是否坚决履行党章赋予的职责、严守党的政治纪律和政治规矩，对中央八项规定及其实施细则精神心存敬畏、严格执行。

反向设置考察内容。 列出政治素质表现负面清单，将隐形问题显性化，便于在实践应用中“对号入座”，推动政治素质考察落到实处。全面筛选政治素质方面的各类问题，突出重点难点，确保问题点得准、

有针对性的同时把握好轻重尺度，既不放过突出问题，也要防止都是“一枪毙命”的情形。研究提出的政治素质表现负面清单要具体明确、便于判断，如学习习近平新时代中国特色社会主义思想存在学而不用、学而不信、学而不行的问题，践行“两个维护”存在伪忠诚、假忠诚、搞“两面派”做“两面人”的问题，等等。要紧跟时代发展新形势新特点不断更新政治素质表现负面问题清单，结合工作实际动态分析研判，善于归纳总结政治素质方面出现的新问题新表现，既要看清问题的具体表征，也要剖析问题产生的深层次原因。

差异设置考察内容。 对不同区域、不同层级、不同岗位和类别的干部，政治素质要求的侧重点要有所不同，考察内容也应有所区别，要在坚持共性考察内容的基础上实行差异化，防止一把尺子量到底、上下一般粗、左右一个样。注意区分层级的差异化，省部级、地市级、县处级、乡科级领导干部的工作特性有所不同，对其政治素质的要求也各有侧重；注意区分岗位的差异化，如正职领导干部更侧重于坚定政治方向、驾驭政治局面、防范政治风险等方面，而副职领导干部更侧重于维护大局、团结协作、落实集体决策等方面；注意区分类别的差异，对党政机关、国有企业、学校医院等不同性质单位、不同行业部门的领导干部政治素质的要求应各有侧重。

（三）务实管用优路径，让方法更加科学化

政治素质是人的内在品质，是思想深处的东西，具有一定的隐蔽性、复杂性和迷惑性，要准确识别和评价困难重重，加强政治素质考察对干部工作提出了较高的要求。必须切实改进完善政治素质考察的方式方法，综合运用好“日常了解、调研谈话、核实甄别、分析研判、

四必把关、以事察人”6 种方法，全方位、多角度、立体式考准察实政治素质。

强化日常了解，把功夫下在平时。探索建立干部信息定期报送制度，掌握干部在各个任职岗位中的述职报告、年度考核、评优评先、党纪政纪处分、审计、信访、巡视巡察、出国境、请销假等各类信息，形成干部管理“大数据”助力政治素质考察。综合民主生活会、组织生活会、集中学习教育等活动素材建立干部政治素质档案，全面记录干部的政治表现，做到平时有数、用时有据。

强化调研谈话，注重谈深谈透谈到位。在谈话范围上坚持全面谈与重点谈相结合，在谈话内容上坚持正面谈与负面谈相结合，在谈话技巧上坚持主动谈和引导谈相结合。注意营造宽松舒适的谈话氛围，用真情引导谈话人敞开心扉，综合运用询问、追问等方式，激发谈话人反映真实情况。坚持考察对象集体面谈，从对大是大非的认识中看政治立场，从对待事业的态度中观察政治责任，从对群众的感情中识别政治情怀。

强化核实甄别，坚持疑点查清搞准。坚持注重事实、多维了解、依规定性、及时办理的原则，对情况问题、人选评价用心核实甄别，谨防“雾里看花”。既要公正也要客观，既要看正面也要看反面，既要听多数人的看法，也要听少数关键人的意见，综合全面考量，避免偏听偏信，做到洞若观火、鞭辟入里，不放过政治败坏的干部，也不埋没政治过硬的干部。

强化分析研判，做到全面准确客观。坚持联系观念，系统思维，看整体上表现是好是坏，本质上是优是劣。全方位分析，看干部政治忠诚、政治定力、政治担当、政治能力、政治自律情况。比较分析，纵向比较看进步了还是退步了，横向比较看在同类型、同层级干部中所处的位置。

强化“四必把关”，公道正派识别干部。认真审核个人档案中的各类材料，查阅提拔任用、专项审核等重要节点情况，看干部一贯政治表现，看档案是否有涂改、身份是否符合要求、入口是否合规、材料是否齐全。从个人有关事项报告及核查结果中重点看是否对党忠诚老实，有无与正常收入大相径庭的现象，存在廉洁问题的及时查核。从纪检监察机关反馈意见中重点看是否严守政治纪律和政治规矩，是否能够加强政治自律。从信访举报线索及核查结果中重点看班子政治建设和干部政治形象，看是否政治自律不强、公认度不高等。

强化以事察人，见人见思想见情怀见境界。按照习近平总书记“五观察五看”要求，抓住典型事例分析评价班子和干部政治素质。注重在打好“三大攻坚战”、扫黑除恶、宗教治理、信访维稳等工作中了解干部立场、态度和表现。从应对突发事件、自然灾害以及进退留转等重要节点时的表现识别干部政治素质。

（四）简便易行强统筹，让载体更加便捷化

考准考实政治素质，组织实施是关键。要以对党负责的态度谋深谋实政治素质考察，不能敷衍塞责流于形式，更不能弄虚作假糊弄应付。要充分利用大数据等新技术新手段，不断优化政治素质考察载体，在融进去、落下来上下功夫，将政治素质考察有机嵌入干部工作全过程、各方面，做到简便易行。

嵌入年度考核全过程。在述职环节督促领导班子和领导干部对照政治表现负面清单进行认真自查，在民主测评环节进行政治素质正反

面测评，在个别谈话环节将政治素质作为必谈、首问内容。查阅资料时，查阅民主生活会、组织生活会记录和发言材料、政治理论学习记录，看是否存在敷衍应付、弄虚作假等问题；查阅党委（党组）会议记录，看贯彻落实上级决策部署、执行民主集中制等情况；查阅履行“一岗双责”相关材料，看重要时间节点是否对分管干部进行提醒谈话。

嵌入任用考察全过程。 充分运用平时掌握的情况，特别是巡视巡察、班子建设调研、年度考核、经济责任审计、生态环境督察、信访举报等方面信息进行综合分析研判。坚持动议即审、该核早核，提前实施“四必把关”，发现政治素质方面问题抓住不放，尽快核实甄别清楚，不符合条件的坚决不用。压紧压实党委（党组）责任，推荐人选时同步介绍政治表现情况。落实完善干部选拔任用工作纪实办法，确保能够追溯和倒查政治把关情况。

嵌入换届考察全过程。 在民主推荐环节，调研谈话和会议推荐都要强调人选政治标准。在考察环节，考察谈话要突出政治标准、设置谈话口径，注重抓住重要行为特征，从具体细节、具体事例中了解人选政治素质，要把政治素质列入民主测评项目。集体面谈要根据实际设计谈话问题，近距离了解人选政治素质。考察公示要将遵守政治纪律情况作为公示内容。党委（党组）还要对新提名人选政治素质出具结论性意见。形成人事安排方案要深入分析研判人选政治素质，充分考虑人选政治能力与领导职责的匹配度。

（五）注重结合促引领，让结果更加实效化

加强政治素质考察，就是要把德才兼备的好干部选出来、用起来、

管起来。要将政治素质考察与干部选育管用“四个环节”和干部队伍建设的“五个体系”紧密结合，及时运用、全面运用、充分运用政治素质考察结果，推动考察结果实效化。

运用于领导班子建设。 作为调整优化领导班子的重要依据，激励先进班子，鞭策较差班子，促进中间班子。对政治素质考察评价好的班子实行推荐干部优先、推荐名额倾斜，使用干部优先、提拔名额倾斜，评先评优优先、表彰名额倾斜。对政治素质考察评价差的班子，开展整顿转化专项行动，实行“一班子一台账”“一干部一对策”，推动后进赶先进。

运用于干部选拔任用。 探索建立干部选拔任用“熔断机制”，把政治素质作为“熔点”，严把人选政治关。实行准入“熔断”，在分析研判和动议环节深入分析初步人选的政治素质，经审查核实政治上有问题的，不得列为提名人选。实行节点“熔断”，在民主推荐和深入考察环节对有反映的进行专项核查，经组织认定政治不达标的，终止考察程序、取消考察资格。实行结果“熔断”，在讨论决定和任职环节对政治表现存在疑点未调查清楚、反映政治问题线索具体尚未形成结论性意见的，不得提交会议研究，对政治上不合格的干部坚决“一票否决”。

运用于干部教育培养。 对政治素质考察结果反映出来的情况，区分共性和个性问题，找准问题根源，结合干部教育培训和实践锻炼，有针对性地进行“靶向治疗”。通过开设“政治能力提高班”进行集中调训、在各类主体班次中强化党性教育、常态化开展谈心谈话、选派到矛盾多困难大的复杂环境中历练等方式帮助干部“固本培元”、提高政治素质。

运用于干部监督管理。 对领导班子进行“清单式”反馈，限期整改，对领导干部进行“点穴式”反馈，“一对一”指出考察中发现的问题，提出意见建议，督促整改。对政治上存在苗头性、倾向性问题的干部，及时谈话提醒、咬耳扯袖，防止“小毛病”变成“大问题”。对政治上的“糊涂虫”“墙头草”“两面人”，根据不同情况，予以批评教育直至组织处理。对违反政治纪律和政治规矩的，一律严肃处理。

四、坚持事业为上选贤任能

习近平总书记强调：“公正用人，公在事业。我们是为事业而用人的，不能凭领导者个人亲疏、个人好恶来取舍，也不能一味平衡照顾、论资排辈、降格以求，更不能把职务作为私相授受的个人资源。用错一个人特别是用错关键岗位的领导人，对一个地方、一个单位产生的负面影响是很大的。”坚持事业为上是选人用人的根本出发点，考察识别干部不能只考虑条件是否满足、班子结构是否合理，更应当综合分析干部的能力特质是否符合岗位需要、能否在岗位上充分发挥作用，推动工作取得实效。做好知事识人是选贤任能的立足点和着力点，知人不深、识人不准，往往会出现察人不当、用人失误，只有把握干部工作的主动权才能有效推动各项工作有序开展，而掌握主动权的前提就是必须知事识人。

（一）伟大事业需要高素质干部

党的十八大以来，面对世情、国情的变化，特别是“四大考验”“四种危险”和本领恐慌、能力不足的党情，对领导干部专业化能力建设提出了新的要求，以习近平同志为核心的党中央把建设一支高素质干部队伍提高到全党战略层面的高度来认识。全面建设社会主义现代化国家、全面推进中华民族伟大复兴，关键在党、关键在人，归根到底在于培养造就一代又一代可靠接班人。新时代新征程，党统揽伟大斗争、伟大工程、伟大事业、伟大梦想，更需要高素质专业化干部队伍接续奋斗。排在“高素质”要求首位的是政治素质要高，只有将政治过硬的干部选拔出来、使用起来，选优配强各级领导班子，才能确保党的事业薪火相传。

高素质干部不仅要政治过硬，还要本领高强。 要增强学习本领，善于学习新理论新知识、勇于进行实践探索；增强政治领导本领，坚决执行党的路线方针政策；增强改革创新本领，善于结合实际创造性地推动工作；增强科学发展本领，善于贯彻新发展理念，不断开创发展新局面；增强群众工作本领，充分发挥联系群众的桥梁纽带作用，团结率领广大人民群众坚定不移跟党走；增强狠抓落实本领，坚持说实话、谋实事、出实招、求实效，勇于攻坚克难，以钉钉子精神做实做细做好各项工作；增强驾驭风险本领，善于处理各种复杂矛盾，勇于战胜前进道路上的各种艰难险阻，牢牢把握工作主动权。干部工作必须对照这些本领要求，不断完善知识结构，尽快补上能力短板、素质短板、方法短板，教育、引导、培养各级干部努力争当学习型、思考型、研究型、实干型干部。

建设高素质干部队伍的最终目的在于使用。 要注重培养专业思维、提高专业素养、掌握专业方法，使各级领导干部切实提高推动发展的能力。培养专业思维，就是要提高领导干部的战略思维能力、历史思维能力、辩证思维能力、创新思维能力、底线思维能力和法治思维能力、大数据思维能力等，不断增强工作的科学性、预见性、主动性和创造性。提高专业素养，要让专业的人干专业的事，善于在抓大与放小的兼顾中体现专业眼光，在效益与效率的统一中体现专业智慧，在干好与干成的权衡中体现专业胸襟。掌握专业方法，要做到“博”，广泛学习掌握经济、政治、历史、文化、社会等各方面的知识，拓展横向知识面；要做到“精”，坚持“干什么学什么、缺什么补什么”，有针对性地深钻细研履行岗位职责所必备的各种知识，更好把握和运用市场经济规律、社会发展规律、自然规律，提高推动工作的主观能动性。

（二）为官择人者治，为人择官者乱

坚持事业为上是坚持正确选人用人导向中至关重要的方面，是选好人用准人的根本出发点，任何时候都必须很好地坚持。干部工作要以推进伟大事业为导向，坚持“事业为上、人岗相适、人事相宜”原则，做到事业发展需要什么样的人就用什么样的人，什么样的人最合适就选什么样的人。选拔任用干部要把敢不敢扛事、愿不愿做事、能不能干事作为识别干部、评判优劣、奖惩升降的重要标准。把干部干了什么事、干了多少事、干的事群众认不认可作为选拔干部的根本依据。

知事识人必须以岗为需。从党和人民事业需要出发选贤任能，依据岗位要求择优用人，把干部放到最能发挥其优势特长的地方，更好地发挥岗位作用，充分激发干部“愿干事”的动力。要坚持从事业需要、工作需要出发，认真分析不同岗位的具体特点、工作要求和任职条件，不能脱离实际需要将不同类型的干部简单通用，也不能为改善

结构而影响班子整体功能，更不能搞论资排辈、平衡照顾、将就凑合。要多考虑“该用谁”而不是“谁该用”，“该用谁”是因事用人，有助于切实推动事业发展，也能够使干事创业的干部凸显出来；“谁该用”则因人用人，甚至容易扭曲为因人设岗，能不能干成事往往被忽略。这两种用人导向的不同显而易见，最终结果也将南辕北辙。端正用人导向必须坚持事业为上、公道正派。在实际工作中，有的干部擅抓经济发展、有的干部善做群众工作，有的干部长于通观全局，有的干部则专于具体事务，要坚持提高人岗相适度和能力素质匹配度，推动事业良性发展。

知事识人必须以人为用。“骏马能历险，力田不如牛。坚车能载重，渡河不如舟。”使用干部要力争用当其才，如果用错了地方，人才也会变成庸才。知事识人是一个整体，强调既要知事，又要识人，二者缺一不可。必须全面把握知事与识人的整体性、系统性、联系性，坚持“研究人”与“研究事”相统一，统筹考虑事业发展与干部成长两个关键因素，真正做到人岗相适、人事相宜。既“研究事”又“研究人”，特别要在“研究人”上下功夫。从事干部工作要养成知事识人的良好习惯，把研究工作和了解干部的功夫下在平时，明确干部的特长是什么，这种特长适用于哪个领域，做到心中有“数”、胸中有“谱”，还要注意扬长避短，让干部的长处充分发挥作用。只有精准识人、科学用人，才能真正实现推动事业发展、增强班子功能和促进干部成长相统一。

知事识人必须统筹兼顾。正确用人是成事之资，错误用人是败事之源。要把事业需要、岗位要求与促进干部成长、调动各方面积极性有机结合起来，科学合理地使用干部。要统筹考虑事业发展与干部成长两个关键性因素，人随事转、以事为先，做到不同专业特长、不同职业岗位、不同成长经历、不同能力水平的干部都能人尽其才、才尽其用、各展所长。要激发潜能，既要善于保持“快牛”的积极性，又要善于激发“慢牛”的主动性，形成“九牛爬坡，个个出力”的良好局面，真正汇聚起干事创业的强大正能量。

（三）用当其时，尽显其才

“花开堪折直须折，莫待无花空折枝。”习近平总书记指出：“用人得当，就要科学合理使用干部，也就是说要用当其时、用其所长。”所谓“用当其时，尽显其才”，就是指在用干部时，要充分考虑用人的时代性、个体性、岗位性等因素，才能最大限度激发干部斗志、调动干部积极性，推动干部在干事创业中“八仙过海，各显神通”，将自身的才华充分施展出来。

适时使用正确的人。不同的时代有不同的时代需求，对干部的要求标准也不同。同时代的干部存在个体之间成长阶段的差异，同一干部在其成长的不同阶段，也表现出不同的性格特点、形象气质、能力和水平等个体特征。选人用人一定要坚持做到用当其时，用其所长，用当其位，提高人岗匹配度。这就要求在选人用人时，既要考虑时代的要求，也要考虑干部成长的自然规律和阶段差异；既要考虑到干部个人的个性因素，也考虑到干事创业的岗位需求：这样才能真正用当其时，尽显其才。

遵循干部成长规律。用干部不能“唯台阶”论，但是必要的台阶也是对干部成长有益的。早熟的果子长不大，要大力推动年轻干部“墩苗历练”，练出过硬本领，打牢基础才更有助于长远发展。忽视了干部的成长规律，再优秀的干部也难有用武之地。使用干部既不能过早“拔苗助长”，也不能过迟“误人前程”，要用当其时才能最大化发挥其能力本领。要把握好每个干部的成长时间规律，根据不同的时间阶段采取不同的方法培养，放到不同的岗位历练。

培养锻炼干部须及时。 选人用人如果论资排辈、平衡照顾，干部干事创业的黄金期就很容易被错过；如果用非所长，干部的一身本领就可能没有用武之地。能力素质再强的干部如果长期闲置不用或者用错地方，其知识就会过时，其才华就会贬值，这既是对干部的不负责任，也是党和人民事业的一大损失。所以要因时制宜优化培养路径，当干部处于青苗阶段不够成熟时要多花心思呵护培养，“施肥浇水”“修枝剪叶”；当干部逐步走向成熟时，应及时把他们放在不同岗位上历练，对已具备“火候”的干部，要看准一个培养一个、成熟一个使用一个，既让少年英才脱颖而出，也不让大器晚成者埋没。

（四）疾风知劲草，板荡识诚臣

只有经过大风大浪的考验，才能知道什么草是坚韧的，什么人是忠诚的。然而在风和日丽的日子里，“劲草”往往会混同于一般的草；在和平安定的环境中，“诚臣”也容易混同于一般干部。革命战争年代，党的事业时刻都处于危机四伏、艰苦卓绝的斗争环境中，革命干部的党性强弱、能力高下一目了然。但是到了和平发展的年代，许多干部在平时工作中展现出的能力素质水平不相上下，选谁用谁难以取舍。只有到了大是大非、急难险重、矛盾交织、利益诱惑的关键时刻，实力如何才能高下立判。

关键时刻看忠诚担当。 任务越艰巨、环境越险恶、矛盾越尖锐、斗争越激烈，越是能检验出一个干部政治忠不忠诚、作风过不过硬、素质全不全面。对党忠诚在平时是一句喊起来很容易的响亮口号，但在真正面对突发事件、重大斗争时能否毫不动摇地坚决贯彻党组织的各项指令要求，才是检验对党忠诚的试金石。识别干部就要善于在重大思想交锋、重大利益调整、重大政治斗争等风口浪尖检验干部的理想信念和政治素养；在重大任务、艰苦环境、危急关头检验干部的精神作风和能力担当，切实把有信念、有激情、有担当的干部选出来、用起来。

关键时刻看心襟胸怀。 面对不同境遇时的表现是对干部人生态度、境界格局的考验。要注重观察干部在顺境时是否能处之淡然、谦虚谨慎、不骄不躁，遇到逆境时是否能处之泰然、坚定信心、顽强拼搏，及时甄别出那些狂妄自大、好大喜功的干部以及那些精神脆弱、难堪重任的干部，让真正胸怀宽广、以党的事业为重的干部凸显出来。

关键时刻看自重自律。 思想道德是人的内在品质，具有一定的隐蔽性，干部的价值取向、道德观念，往往在涉及个人切身利益时，或者在面临重大物质和欲望诱惑时才会不加掩饰地表现出来。要将考察触角延伸到干部内心世界，着重考察干部在面临利益诱惑时的心态和表现，看他们是否有坚定的党性修养，是否有良好的道德品质。

（五）重能忘德，必有灾殃

古人云："德不称其任，其祸必酷。"人的德行要同他所处的位置相匹配，否则会招致严重的灾祸，干部的德行如果不能与其所处的岗位职责相匹配，会耽误一个行业、一个地区的发展，更严重会危害党和人民的事业。孔子曰："为政以德，譬如北辰，居其所而众星共之。"

纵观中国几千年来的治国理政历史，选拔任用官员的标准千千万万，不同的时代都有不同的具体要求，但唯有德始终占据主导地位。习近平总书记强调，要严把德才标准，坚持公正用人。用好有德之人才能服众，才能提高干部工作的公信力。

为人要有品德，从政要有官德。丢掉了为政之德，失去了从政良知，就一定会犯错跌跤。党的十八大以来，党中央深入推进党风廉政建设和反腐败斗争，以“得罪千百人、不负十四亿”的使命担当祛疴治乱，“打虎”“拍蝇”“猎狐”多管齐下，查处了一大批干部。他们都是在德上先出了问题，进而走向了违法犯罪的深渊。看一个干部首先就要看其有没有德，从德上把好选人用人关口，坚持德才兼备、以德为先，坚决把无德之人挡在门外。

要才配其位，更要德配其位。《资治通鉴》有言：“古昔以来，国之乱臣、家之败子，才有余而德不足，以至于颠覆者多矣。”有德有才是上品，有德无才是次品，有才无德是危险品，德与才两者缺一不可。“天下为公，唯有德者居之”，如果一名干部“德薄而位尊，知小而谋大，力小而任重”，往小了说可能工作局面打不开、群众有意见、个人手足无措；往大了说，就会使事业错失良机、百姓跟着遭殃、个人身败名裂。只有真正德配其位，才能充分发挥自身才能，有效推动工作取得成效。选拔任用干部必须注重政治过硬、本领高强，既要靠得住，又要有本事，杜绝德不配位问题的出现。

好人未必能当官，当官必须是好人。一个领导干部如果品德不合格、不过硬、靠不住，能力再大也不能用，尤其是政治品德不过关必须一票否决。要坚持把干部的德放在首要位置，选拔任用那些政治坚定、有真才实学、实绩突出、群众公认的干部，形成以德修身、以德服众、以德领才、以德润才的用人导向。有才无德，断不可用。有德之人再配以才，可以干出大好事；而无德之人有了才，反而会干出绝顶的坏事，成为大奸大恶。选拔任用干部要把德才作为一个整体来把握，如果重才轻德，不仅会造成用人失误，更会危害经济社会发展。

五、综合施策激发干部活力

党的二十大报告提出，要加强干部斗争精神和斗争本领养成，着力增强防风险、迎挑战、抗打压能力，带头担当作为，做到平常时候看得出来、关键时刻站得出来、危难关头豁得出来。推动干部看得出来、站得出来、豁得出来，就要综合施策优化干部工作体系，用好政策导向“组合拳”，推进政策系统集成、综合配套、精准融合，把制度优势转化为激励干部担当作为的动力，充分激发干部勇挑重任、担当作为的活力。干事担事是干部的职责所在，也是价值所在，有多大担当才能干多大事业，尽多大责任才会有多大成就。要建立健全激励机制，综合施策激发党员干部主动担当、干事创业的热情和活力，鼓励引导广大干部用新的奋斗创造新的伟业。要统筹干部工作全过程各方面，充分发挥政策合力，激发干部活力潜能，既要大力培育优秀后备干部，也要为干部适时提供施展才干的广阔天地，还要完善关爱激励机制解决后顾之忧。

（一）搭建考察识别的“看台”，让想担当的干部“出头”

精准考察识别是做好干部工作的第一步，要善于搭建考察识别的“看台”，让优秀的干部“出列”。习近平总书记指出，各级党组织要在斗争一线考察识别干部。只有多到基层干部群众中、多在乡语口碑中了解干部，多到重大项目、重大工程、重大任务一线了解干部的工作实绩，才能把好干部识别出来。

注重一线识别，在一线发现好干部、树立好导向形成好气象。一线既是提升干部能力本领的磨刀石，也是检验干部责任担当的试金石，越深入一线越能考察识别出敢担当的干部。坚持用好“一线工作法”，把考察识别干部的考场搬到干部工作现场，近距离、全方位考准考实干部，及时把敢担当善作为的优秀干部发掘出来。强化蹲点调研识别，对不同地区、不同行业部门常态化开展一线蹲点调研，通过访谈干部群众、走访重点工程和重大项目，全面掌握各地区、各领域敢担当善作为的优秀干部情况。

注重综合评价，突出干部工作实绩，提振干事创业的士气。用好考核评价机制，不仅可以激励干部干出实绩，还能让不担当不作为的干部受到警醒和惩戒。要突出高质量发展考核，建立高质量发展综合绩效评价体系，科学设置考核指标，合理配置评分权重，突出大抓产业发展、营商环境、市场主体、改革开放、创新发展、绿色发展等考核内容。开展比武比拼辨高下，通过举办重大项目建设集中开工仪式，现场会、片区会、推进会等，现场通报比拼数据、公布排名、查摆问题，激励干部竞相担当、勇于作为。统筹分析研判鉴别，充分运用经济社会发展监测评价数据等成果，对干部担当作为情况进行“全扫描”“大摸底”，全方位识别掌握干部综合能力素质，让想干事、能担当的干部凸显出来。

注重比选择优，突出政治素质，树立鲜明用人导向。用一贤人则群贤毕至，见贤思齐就蔚然成风，要树立重一线、重实干、重实绩、重公认的导向。要做实干部政治素质考察，以事察人识别干部的政治担当，坚决把政治上不过关、伪忠诚、不担当、假担当的人挡在门外。要探索建立各领域、各类型优秀后备干部库和领导班子结构模型，综合分析研判班子结构需求和干部能力特质，从优秀的人中选更合适的，从合适的人中选最优秀的。

（二）搭建培养锻炼的“平台”，让愿担当的干部“出色”

没有金刚钻揽不了瓷器活，担当作为需要干部练好真本领，从容应对各种风险挑战。要将提升能力素质作为推动干部担当作为的重要途径，完善全链条培养锻炼机制。做实干部教育培训，紧扣全面建设社会主义现代化国家需要，针对干部的知识盲区、经验短板、能力弱项开展针对性培训，根据工作实际变化动态调整培训内容。抓实干部“墩苗历练”，积极选派年轻干部到基层一线、重要岗位磨砺意志、锤炼本领，让干部心里有数、脑中有谋、手上有招，进一步激发其干事创业、担当作为的活力和动力。

提升担当动力。 理想信念是担当作为的动力源泉。只有筑牢信仰之基、补足精神之钙、把稳思想之舵，才能不断激发广大干部自觉担当的内生动力，才能始终激励广大干部向着实现伟大复兴的中国梦阔步前行。要注重理论武装，深入开展习近平新时代中国特色社会主义思想教育培训，帮助干部进一步坚定理想信念；注重党性锤炼，解决好党员干部中存在的理想信念不坚定、初心缺失、担当作为劲头不足等问题。

提升实战能力。 刀在石上磨，人在事上练。干部只有多在实践中摔打磨炼，不断吃透实情、掌握规律、收获真知，积累实战经验，才能练出高强本领，以更高的标准和效率推进工作落实。要加强一线岗位实训锻炼，常态化选派干部到专业部门、重点行业、重大项目的工作一线、吃劲岗位磨砺成长，为敢于担当、善抓落实的干部提供施展才能、发挥本领、成长成才的平台。

提升干事活力。 只有打破结构固化、交流不畅的桎梏，推动干部在不同岗位锻炼，才能激活其干事创业的“一池活水”。优化内外挂职锻炼路径，推动不同地区、不同部门、不同条块之间的干部双向挂职锻炼，帮助干部开拓视野格局、丰富工作经历。畅通上下交流锻炼渠道，探索更加科学合理的干部培养模式，盘活干部队伍资源。全面提升干部服务经济社会发展的能力本领，不断激发动力、释放活力。

（三）搭建选拔使用的“舞台”，让能担当的干部“出众”

习近平总书记强调，对干部最大的激励是树立正确的选人用人导向，用好一个干部就能激励一大片。做好干部工作要善于搭建选拔使用的舞台，让出色的干部更加“出众”。只有把那些敢于负责、勇于担当、善于作为、实绩突出的干部及时识别出来、提拔使用起来，才能给广大干部树立好榜样，真正让干部干事有劲头、担事有盼头、成事有甜头。要旗帜鲜明树立重一线、重实干、重实绩、重公认的用人导向，让有为者有位、为担当者担当，鼓励和带动更多干部在一线挑重担子、啃硬骨头。

舞台不仅要光彩，也要配好保护机制。 干事业总是有风险的，探索就有可能失误，只有宽容失误、允许试错，才能激发干部干事创业的激情，增强其改革创新的底气。“一刀切”处理所有错误是机械教条主义的表现，不能让敢闯敢试、冲锋在前的干部失去舞台，要辩证地看待干部的各种错误，建立健全容错纠错机制，细化容错免责清单，规范容错认定程序，结合动机态度、客观条件、程序方法、性质程度、后果影响以及挽回损失等要件综合分析研判，厘清“容”与“不容”的边界。此外也要积极帮助干部对已发生的失误采取补救措施，注意总结教训，防止一容了之。

对跌落舞台之下的干部也不能弃之不顾。 做好受处理干部管理使用的“后半篇文章”是激励干部担当作为的“暖心工程”。让“跌倒”的干部重新“站起来”，重燃干事创业的激情，更有助于树立担当作为的用人导向。要探索受处分干部关爱教育和评估任用机制，对勇于纠错、工作实绩突出的受处分干部予以推荐使用。建立受处理干部回访制度，采取一线了解、谈心谈话、结对帮带等，从各方面关心问候。大胆起用“给机会”，对表现好影响期满的干部，认真分析受处理处分具体情况和后期表现，及时大胆合理使用，为他们重新搭建干事创业的舞台。

对长期占据舞台不担当不作为的干部要及时调整。 搭建选拔使用的舞台是为了让干部更好地为党和人民的事业贡献自己的力量，发挥应有的作用，而不是为了安排照顾、提高待遇。要树立能上能下的风向标，突出“下”的作用，强化对干部的激励约束，为能担当作为的干部腾出干事平台，让“躺平”“佛系”干部有危机感。要着力破解干部“不能下”的难题，推动形成能者上、优者奖、庸者下、劣者汰的用人导向和政治氛围。让干部“下”之有据，细化应当“下”的情形，明确“下”的渠道，亮出干部优与劣的标尺、“上”与“下”的准绳。让干部“下”之有理，结合绩效考核、党风廉政建设考核、公务员平时考核等，对干部进行综合分析评价，把那些顶帽子、混日子的干部坚决调整下来。深入开展干事创业精气神不够、患得患失、不担当不作为等问题的专项整治，对失职失责的干部及时问责。

（四）搭建关爱激励的“奖台”，让勇担当的干部“出彩”

习近平总书记强调，要建立崇尚实干、带动担当、加油鼓劲的正向激励体系。做好干部工作要善于搭建关爱激励的“奖台”，让出众的干部更加“出彩”。营造崇尚实干、鼓励担当、尊重模范、学习先进的良好社会氛围，有利于让干部获得更多的成就感、荣誉感和归属感，干部干得才顺心、担得才甘心、拼得才放心，才能真正将广大干部的思想和行动凝聚到推动党和人民的事业发展上来，激励和号召广大干部干事创业、担当作为。

考核激励让担当者受益。 水不激不跃，人不激不奋。健全的考核评价制度是奖优罚劣和激励担当的重要抓手，是引领干部干事创业的指挥棒，也是营造良好政治环境的催化剂。要坚持让干得好的干部“考”得好，建立健全高质量发展综合绩效评价体系，优化干部绩效考核管理体制机制，统筹推进日常考核、年度考核、专项考核，考准察实工作实绩，客观反映干部担当作为成效。要切实将考核结果与干部选用奖惩挂钩，让考核结果优秀的干部受重用、让考核结果欠佳的干部受警醒，重点关注和提拔使用敢于攻坚、善抓落实、表现出色的干部，果断调整处理不担当不作为、自甘“躺平”不在状态、阻碍事业发展的干部。

选树典型让担当者荣光。 崇高事业需要榜样引领，伟大时代呼唤使命担当，在革命、建设、改革发展的各个时代，都有一批又一批鲜活的榜样感召着人们不断前行。让担当者有荣光、受尊重，才能激励人人想担当、人人争担当。要注重挖掘和弘扬榜样典型的担当精神，充分发挥榜样典型引路作用，让担当者从幕后走到台前，以身边的事激励身边的人，推动正能量无限量。选树榜样典型，推出一批过得硬、立得住、叫得响的优秀党员干部，激励广大干部学有标杆、干有榜样、担有方向。传播先进事迹，全方位宣传报道改革攻坚、疫情防控、乡村振兴等各战线涌现出的优秀党员干部先进事迹，营造见贤思齐、崇尚先进的良好氛围。

关心关爱让担当者安业。 关心关爱是激励干部担当作为的关键举措。解决干部的后顾之忧，才能让干部专心致志、心无旁骛地担当奋进。习近平总书记强调，要真情关爱干部，帮助解决实际困难，关注身心健康，让广大干部安心、安身、安业，对基层干部特别是困难艰苦地区的干部，要给予更多理解和支持，在政策、待遇等方面给予倾斜。坚持做实、做细、做好关心关爱干部各项举措，努力为担当者筑牢“后院”、巩固“后方”。健全机制补短板，完善关心关爱干部政策制度体系，推动关心关爱从“软指标”变成“硬杠杠”。提高待遇固底板，稳步推行公务员职务与职级并行制度，加大公务员考核奖励力度，落实体检、休假等待遇。加强心理疏导，让干部安心工作、履职奉献，在新时代新征程中担当作为、埋头苦干、奋勇前进。

后　记

习近平总书记所作的党的二十大报告站在关键在党、关键在人的高度，对深入推进新时代党的建设新的伟大工程作出全面部署，提出“建设堪当民族复兴重任的高素质干部队伍”的重大任务，具有深远的战略考量和重大的现实意义。

毋庸置疑，建设堪当民族复兴重任的高素质干部队伍，事关党和国家事业兴旺发达、长治久安。很显然，建设堪当民族复兴重任的高素质干部队伍是一个系统工程，而最为重要的是新时代的干部要堪当重任，新时代的领导干部必须堪当重任，新时代的干部工作必须堪当重任。为此，本书围绕“堪当重任”这一主题，从上述三个方面进行论述。就此抛砖引玉，不妥之处，敬请批评指教。

本书的顺利出版得到国家行政学院出版社的大力支持和帮助，在此表示感谢！

晓山

2023 年 5 月